JN064535

本屋と図書館の間にあるもの

前一関市立一関図書館副館長
伊藤清彦

元鹿嶋市立図書館長・元塩尻市立図書館長
内野安彦

本屋と図書館の間にあるもの

目次

第1部　本屋と図書館の間にあるもの　〈対談〉伊藤清彦×内野安彦

Ⅲ

Ⅳ

第2部　いわての風　伊藤清彦

第3部　追悼　伊藤清彦さん

まえがき

この本はさまざまな偶然が紡いだものです。

きっかけとなったのは２０１２年６月に上梓した拙著『だから図書館めぐりはやめられない』（ほおずき書籍）でした。本著を読まれた一関市立一関図書館の方が講演会の講師に、と一関に招いてくれました。講演は２０１３年３月14日、「だから図書館めぐりはやめられない～図書館はまちづくりにどう関わるか～」をテーマに、市内の公共施設の講堂でお話しさせていただきました。現在の一関の新しい図書館が生まれる前のことです。既に市立図書館の地区館の館長に就いていた伊藤清彦さんはこの会場のどこかで私の拙い話を聞かれていた、と後になって知りました。

講演後、主催者から酒席に招かれました。一関の美味を堪能しているなかに、なぜか１００キロも離れた秋田県横手市からわざわざ私の講演を聞きに来られ、そのうえ、主催者でもないのに酒席に加わっていたのが石川靖子さんでした。一関図書館に親しい方がいたらしく、酒席の話を聞いて飛び入りで参加されたとのことでした。

こうして、いまから約８年前、この本に関わることになる３人は、かたちはどうあれ一関でリアルに出遇ったのです。

その後、石川さんとはフェイスブックでつながり、私が講演会の講師で横手に呼ばれたり、石川さんが当時私がＭＣを務めていたラジオ番組のゲストとして鹿嶋に来られたりと、互いに鹿嶋と横手にお邪魔する間柄となりました。

一方、伊藤さんと私は一向に対面する機会は巡ってきませんでした。ただ、一関市の図書館では拙著が出るたび、２冊から４冊も複本で所蔵してくれており、勝手に親近感を抱いていました。なにより、あの伊藤さんのおそらく厳しいであろう決裁を通ったことが密かな誇りでもありました。

講演ではたびたび伊藤さんの『盛岡さわや書店奮戦記』を紹介し、通底する本への熱い思いを語ってきました。図書館員として大きな影響を受けた一冊と言えます。

伊藤さんが新聞に載ったとの情報が入れば、新聞社に複写をお願いするなど、やや追っかけめいたところがあり、こうなったらダメ元だ、と伊藤さんとの対談の企画を郵研社社長の登坂さんに提案しました。幸いに企画が通り、２０１９年12月９日、10日の両日、一関市内で石川さんを進行役に、郵研社の登坂さんを記録係に念願の対談が実現しました。

２日間の対談は本当に至福の時間でした。初日の対談が終わると居酒屋へ直行。居たのは３時間くらいだったでしょうか、伊藤さんは一人で一升、熱燗で飲み干してしまったのには度肝を抜かされました。

新年が明け、12月の対談の反訳がそろそろ出来上がってくる２月17日、石川さんから伊藤さんの突然の訃報を知らされました。それはまさに伊藤さんの急逝を報じる『岩手日報』

の見出しのとおり、青天の霹靂としか言いようのない出来事でした。

それから約2週間後、出版社から反訳の一部が送られてきました。あの2日間の至福の時間が蘇ってくる、ときに激しく、ときに優しい、どうしようもなく本が好きな伊藤さんの言霊が文字になっていました。

その後、岩手県の紫波町図書館で伊藤さんの追悼展が開催されるなど伝え聞くにつれ、この対談に『岩手日報』の連載記事、さらには伊藤さんに所縁のある方の追悼文などを添えて本をまとめたいとの思いが高まってきました。

難題がなかったわけではありません。口語は文字に起こすとどうしても文脈が拙かったり、思ってもみなかった事実誤認が見つかったりと、反訳された原稿の発言者の加筆修正は不可避。しかし、その作業ができない状態で印刷物にしてしまって良いのかという戸惑いはありましたが、ご遺族様のご意向を伺い、こうして本書が生まれました。

かつてカリスマ書店員と呼ばれた伊藤さんの追悼の意味ならば、出版業界の然るべき人が中心に本を編むべきと逡巡（しゅんじゅん）しなくもありませんでした。でも、元々は伊藤さんの追っかけを自称する私の思いつきが嚆矢（こうし）となったものということで斯界の方々にはご容赦願えればと思います。

最後に、あらためてご遺族様へ深謝するとともに、伊藤さんの一周忌までには本にしたいとご努力くださった郵研社の登坂さんに衷心よりお礼申し上げます。

内野安彦

本書について

◆本書は、2020年2月17日に急逝された伊藤清彦氏の一周忌への追悼集である。

◆第1部「本屋と図書館の間にあるもの」は、2019年12月9日~10日に行われた対談をまとめたものである。伊藤清彦氏の発言内容の整理は当社編集部で行った。

◆第2部「いわての風」は、『岩手日報』に2011年から2019年まで連載された伊藤清彦氏のエッセイをまとめたものである。掲載内容は発表当時のままとした。また、後日掲載された田口幹人氏による追悼寄稿もあわせて収録させていただいた。

◆第3部「追悼　伊藤清彦さん」は、伊藤清彦氏と所縁のある方二人からご寄稿いただいた。

◆本書の出版にあたってご許可をいただきましたご遺族様ならびに岩手日報社様に深く御礼申し上げます。

第１部

本屋と図書館の間にあるもの

〈対談者〉

伊藤清彦（一関市立一関図書館副館長）

×

内野安彦（同志社大学大学院嘱託講師、立教大学兼任講師）

進行：**石川靖子**（横手市立平鹿図書館司書）

開催日：２０１９年12月９日（月）～10日（火）
場　所：一関市民センター会議室
＊肩書きは対談時のもの

I

自己紹介から

石川　よろしくお願いします。私は秋田県の県南地区、横手市の平鹿図書館で司書をしております石川靖子といいます。

今回、カリスマ書店員から公共図書館へ転身された伊藤さん、二つの自治体で図書館長を務め、大学院修士課程から公共図書館と出版流通の問題を研究し続けている内野さん、このお二人からお話を伺えることは楽しみだったので、二つ返事でこの役目をお引き受けしました。そのようなわけで、私自身とても期待しています。まず初めに、伊藤さんに自己紹介をお願いしてもよろしいですか。

伊藤　伊藤清彦と申します。１９８２年に東京の山下書店というグループにパートで入って、数年後に正社員になり、副店長になって、その後に支店の店長に昇進し10年間過ごさせていただきました。１９９１年に盛岡のさわや書店に入社して、92年の１月から２００８年10月まで約17年間本店の店長をしておりました。

東京時代も困っている出版社の営業や編集者が相談に来られて、アイデアとかいろんなものをこちらが出して、書籍のタイトルをつけたこともあります。この著者ならどのくらい売れるだろうかという判断をすると、大概は当たっていました。そんなこともあって結構みんなから当てにされる存在ではあったんです。

1991年に盛岡に来たとき、さわや書店自体は無名でした。僕もこちらでは無名でしたし、しかも盛岡という地に土地勘が全くなかったんです。どこに何があるか一切わからない。探せばいたでしょうけれど友人もいない。そういう中で働き出したさわや書店が、不遜に聞こえるかもしれませんが、短期間でよみがえったんです。

今日はそのあたりのことを話そうと思います。前に出した本*では、オーナーサイドが健在でしたので、ちょっと書けないこともあった（笑）。

僕は入った時点で店長でして、初めに帳簿を見せられた。そうしたらとんでもない大赤字だったんです。小売店なら普通は倒産する額ですよ。見せられたときのこちらの衝撃たるや、これは何か手を打たないと、と。

オーナーは細かいことにばかり目がいって、輪ゴム一本、クリップ一つも大事にして、書店にもかかわらず電話を使っちゃ駄目、もちろんファックスも駄目。出版社はみんな東京ですから通話料がかかるわけです。だから全部手紙でやってください、と。コンピューターも入ってないし、どうやって、この赤字を解消するのか。

東京時代と比べると僕の給料は月で10万円ぐらい減りました。そういう状況で、どうしても電話で確認しないといけないので、自宅から電話をしていたら、僕個人の電話料金が毎月数万円になってしまいました。それでも地道に立て直しをはかって、3年間で売上げが倍になったかな。3年ちょっとで赤字は消えましたけど、お金が絡むところなので、今まで内緒にしていたんです。

その後、いろんなところでカリスマみたいに言われたんですけど、そういうのはあまり

*『盛岡さわや書店奮戦記』＝論創社刊 2011年

気にしていません。赤字を黒字に転換させただけで、自分は十分やったなという気がするんですね。

２００8年にさわや書店を退職して、２０１3年から一関市の図書館でお世話になることになりました。この年は大東図書館の館長として、図書館とはどういうものかを1年間体験させていただいて、翌年4月から一関図書館の副館長として今に至っています。

石川　さわや書店さんでの3年で黒字という成果が、伊藤さんの中で劇的だったんですね。

伊藤　そうですね。そこに集中しましたので。まだ若かったということです。だから休みなしで朝から晩まで必死でしたね。自分が打てる手はすべて打って、知識から何から本当に全部さらけ出した。

ライバル店も全部分析して。東北の書店事情が全然わからなかったので、仙台とかいろいろ見せていただいた。でも何でこんなやり方を、と疑問だらけでしたね。それで、そういうやり方はもう通用しなくなる時代が来るよということで、僕らのところは自分一人で変えていった。

さわや書店に入社してすぐの頃は社員が本を読んでいなかった。男の子はゲーム、女の人は食べることとカラオケに夢中で、これはとんでもないところに入ってしまったと思いましたね。失礼ながらその人たちは当てにできないので、次の新入社員として入る人間を育てていけばいいと。だから10年がかりでしたね。

最初は男の子で、ほかの店で何をやらせても駄目だと言われていた子でしたが、教え方というか教える先生がまずかった。きちっと教えればこの子は育つと、基礎から全部教えたら、あっという間に10年ぐらい働いている人間をゴボウ抜きにしました。そういうことで、一人一人育てながらやってきました。

既存の勢力は凝り固まっていて変えることができない。そこは諦めて新しい子が染まらないうちに、きちんと基礎から教えていく。その子らが育って今は教え子たちがやっている感じですかね。

石川 ライバル店を分析したり、人を育てたりというところは、ぜひまた後ほど詳しくお伺いしたいところです。ありがとうございます。では、内野さん、お願いします。

内野 私は1979年に22歳で茨城県の鹿嶋町役場（現・鹿嶋市役所）に一般行政職で採用になりました。当時、まちには公共図書館がなく、オープンしたのは1985年。ですから私は小学生から高校を卒業するまで公共図書館を使った経験は一切ありません。学校図書館も小学校ぐらいのときに少し使った記憶がある程度。10代の終わりまで公の場での本との接点はなく、29歳の時にまちに公共図書館ができたとはいえヘビーユーザーではなかったので、私自身の公共図書館元年は図書館に異動になった40歳のときといっても過言ではありません。

図書館勤務となって1年も経たないうちに『図書館雑誌』*に駄文を投稿をしたんですね。キャリアを持っている図書館員の方々に司書の養成って本当に現行のままでいいの、みたいな生意気なことを書いたんです。後になって図書館界でとても有名な現職の方とわかりましたが、見ず知らずの方々から丁寧なお手紙をいただきました。私のような図書館についてど素人の意見を真摯に受けとめてくれる世界があることを知り、感動したことを今でも忘れません。

＊図書館雑誌＝1907年に創刊された日本図書館協会の機関誌（月刊）。

役所の異動の常識からいって図書館にいられるのはだいたい3〜4年だろうと思っていました。異動して数年後、作家や出版業界から図書館の選書がおかしいのではないかと専門誌以外のメディアで言われ始めました。出版業界の方々からどうしてこんなふうに言われなきゃならないんだろうと思っていたころ、当時の図書館情報大学（現・筑波大学）で初めて社会人の大学院入試をやりますというニュースが飛び込んできたんです。受験を勧めてくれる人がいたこともあり、通常の入試ではとても合格できっこないと思うのですが、幸いにも入学を認められたんです。そこから、すっかり図書館にはまってしまい今に至っています。

しかも今回、伊藤さんの貴重なお時間をいただけるこの企画が出版社で通った最大の理由は、大学院での私の研究テーマが「出版流通と図書館のあり方」だったからだと思うんです。そうした経緯があったものですから、全国図書館大会*で、筑摩書房の菊池明朗さんとみすず書房の持谷寿夫さんから日本出版学会にお誘いを受けたり、今井書店の永井伸和さんなどを知ることを通じて、常に出版業界の動向を注視してきました。同様の関心を持つ人は図書館の世界ではそう多くはないと思います。

図書館の世界に14年間いたんですけれども、その間、我が国の出版流通の課題というテーマの研修会は、文部科学省や日本図書館協会*や都道府県図書館協会などの主催でほとんど行われていません。もとより図書館員はあまり関心を持っていませんね。私が大学院の口頭試験を受けたときに、図書館と出版流通の課題を論じた先行研究はほとんどない、と言われましたから。

石川　ありがとうございます。内野さんが大学院で研究されたことは何かで公になって

*全国図書館大会＝全国の図書館関係者及び読書活動に携わる市民、図書館学等の研究者、出版界、著作権者など、本と情報に関わる全ての人々の交流を図り、図書館活動の活性化を図ることを目的として各県持ち回りで毎年開催される大会。

*日本図書館協会＝1892年創立の日本文庫協会を前身とする図書館の成長・発展に寄与する活動を展開している団体。

いますか。

内野　修士論文そのものを活字にはしていませんが、小出しに自分の著書の中で生かしてはいます。図書館情報学は実学です。その意味では、塩尻での新しい図書館づくりがその一例かもしれません。排架*、選書、図書館事業などの研究を実践したという思いはあります。

伊藤　出版流通というと、まず一番先にあるのが取次*ですね。取次は実際に見に行かれましたか。

日販*の例ですけども、日販は儲けをどんどん先行投資、特に流通をもっと近代化しようとお金をかけていた時代があるんですよ。日販は大きなセンターをつくっていくんですね。流通をどう合理化させていくか。ところが、そこには不平等があるんです。

僕が見学した当時、ビルのワンフロアが大手書店のための専用ブースで占められ、日に2〜3回出荷をするために、何十人と専属で張り付いている。下の階が各県ナンバーワンの書店で、47に分けられている。その次となるとその下のクラスで、小さな書店のためのブースが何百、何千と入っている。圧倒的な区別というか、ああ、流通はこうなっているんだと。その実態を見たとき、これを覆すのは大変なことだと。

内野　主に司書課程の履修生を対象に書かれたテキスト本と言われる書籍ですら、出版流通の仕組みについて書いてないものは少なくありません。私の授業では1コマは必ず出版流通の基本や諸課題を話してきましたが、そういった内容を学ぶことなく司書資格を取得された人のなかには、問題意識すらなく現場で働いている人が少なくないのではないでしょうか。

＊排架＝図書館の資料を請求記号に従って書架に並べること。（請求記号：資料が並べられている場所を表す記号。分類番号・図書記号などからなる。）

＊取次＝出版取次会社の略。出版社と書店の間にあって、書籍や雑誌などの出版物を出版社から仕入れ、小売書店に卸売りする販売会社のこと。

＊日販＝出版取次会社の業界最大手、日本出版販売株式会社の略。

伊藤　書店員もほとんど知らないですよ。僕は自分で調べて、それをまとめて体系づけて弟子に教えていったから、僕のところの人間はかなり知っているけど、普通の書店はそこまでの教育がなされていないし、店長クラスでもほとんど知らないですね。

内野　こう言うと大袈裟ですけれど、まちの書店が消えた、もしくは出版社が消えたというときに、私は本に関わる仕事に就いている人間として、その痛みを感じられる図書館員であってほしいなと思うんです。地域のテーマにこだわり良心的な本を出している出版社の経営が危うくなったときに、なんとか支えなくてはと行動できる図書館員がいれば、昨今批判されている図書館サービスへの出版業界の反応も少しは違ってくるのではないかと思います。

石川　図書館員が出版社の個性というものを十分に承知していないような気がします。また、売れればいいといった出版活動をしているところも少なくないと思います。伊藤さんはいかがですか。

地域資料の棚に込められた図書館員の矜持

伊藤　さわや書店を大きくしていった柱の一つが〝地元の本を大事にする〟でした。徹底して調べて、一番いいところにコーナーをつくったんです。メジャーな出版社からは、違うものにすればもっと売れると言われたけど、僕らの中では地元の本が一番大事でしたね。東京の山下書店グループで働いていたとき、岩手の本が入ってくることがあった。田舎の本に飢えていたんですね、懐かしくて購入して読みました。それなのに、岩手に戻ったら誰も大事にしていなかった。大手出版社のものばかりが並んでいる。言っちゃ悪いけど、そういうのは、仕入れさえしておけば好きな人が買う。

そうじゃなくて、きちんとやらないと伝わらない書籍を大事したい。それでも郷土の出版社が何軒か潰れて、あれほど頑張ったのに駄目だったというのはありましたね。

伊藤清彦氏

内野　私も全く知り合いのいない塩尻に単身で行ったときに、最初に読みたいと思ったのは、大好きなクルマの本や小説でもない、郷土の本ですよ。塩尻関係の本をとにかく片っ端から読んでいましたね。休日には隣の松本市内の古書店をよく回りました。郷土史家がまとめたものは文章が硬すぎて、読み物としては面白みに欠けるものが多い。もうちょっと面白おかしく書ける方がいたら、郷土本は本当に面白いものになる。適当な書き手がいなければ、図書館がもっと積極的に郷土資料の作成に関わるべきとずっと思っていました。役所の大切な仕事でもあるわけですからね。

大半の図書館は、地域資料は利用者が頻繁に歩く動線から外れたところに置かれるのですが、塩尻で新しい図書館をつくる機会をいただいたときに、最も頻繁に利用者が往来するところに塩尻ブランドを置きました。塩尻と言えばワインであり漆器。図書館は市民が使うだけではなく、旅の人も使う施設。お土産等の消費行動に繋げることもできるのです。

私はこれまでに550館以上の図書館を見て歩いていますが、楽しいのは郷土資料コーナーを見ること。読めない地名、知らない出版社。これ、聞いたことない。本自体見たこともない。そのときに私はこうした資料をよく守ってきてくれましたね、と選書された歴代の図書館員を心からリスペクトします。本当に全部守られているかはわからないけれど、これが図書館の仕事なのだ、と。ただ、置いてある場所は、もうちょっと明るい、来館者の目につくところに持ってきてほしいなと思います。そこは伊藤さんと通じるところです。

伊藤　そういう面で一関図書館はちょっと恥ずかしい。僕が入る前、一時、本を全部TRC＊から入れていました。TRCがすべての地元本の情報を把握しているわけはなく、そこだけに頼りきってしまうといけない。その間に失われた大事なものが、かなりあります。今では手に入らないものもあって悔しいですね。そのほうが楽だったのはわかるけど、それこそあなたたち矜持（きょうじ）を捨てたよねと言いたい。

内野安彦氏

石川　日本の公共図書館の多くがTRCから本を買っていると思うんです。

小学校3年生の子どもたちが地域を調べる授業があって、図書館にも来てくれるんですけど、子どもたちが「本はどこから買っていますか」という質問を必ずします。私が初めに働いた図書館の職員は「埼玉県の図書館流通センターから」とだけ説明して、

＊TRC＝株式会社図書館流通センター＝図書の販売・書誌データの作成・図書館運営業務委託等図書館に関わるあらゆる業務を行う。

それでいいんだと、そのときは思ったんですけど、意識しないと、そこから入ってくるのが全てということで終わってしまう。

伊藤　ＴＲＣから届く『週刊全点案内』*をパーッと見たとき、載っていない出版社がものすごい数あることに気づいたんですよ。

内野　出版社から送られた本を元につくられているんですよね、確か。

石川　新刊を送っていないと載らない。そういう出版社がいっぱいある。

伊藤　いっぱいあります。僕はその欠落に最初に気づいた。全点じゃないじゃないかと。これしか知らないで育ってしまうと、それが図書館員の世界を狭めることになる。これはショックですよ。僕は、直でしか扱わないとか、そういうところとばかりやっていたから、これで育つと大変だぞと思っていましたね。

内野　図書館流通センターの仕組み云々より、問題はそこにある。そこに気づく図書館員であれば、もしくは出版社に送ると書誌事項が出ることを教えてあげられれば、と思っています。私も全国の図書館に入っていないような本を見つけては自分で買って、講演会で「どうしてこの本が図書館にないんでしょう。あってしかるべきものですよ。これ、普通は図書館に入れません？」と聞いたら、みんな頷くんです。ところが書誌がないから買わないと言う人がいたりして、これって本末転倒でしょう。自分の目で足で情報を集め、市民が気づかないような、書店では見ることのないような、読者が求めているのに、その読者になかなか届かない本を司書の目利きでこんな本がありますよ、と届けてほしいと思っています。

私は出版記念のトークショーのときに、内野さんが図書館をまたやるとしたらだったたか、

＊『週刊全点案内』＝図書館流通センターが作成する公共図書館向け新刊書情報誌・カタログ。

進行　石川靖子氏

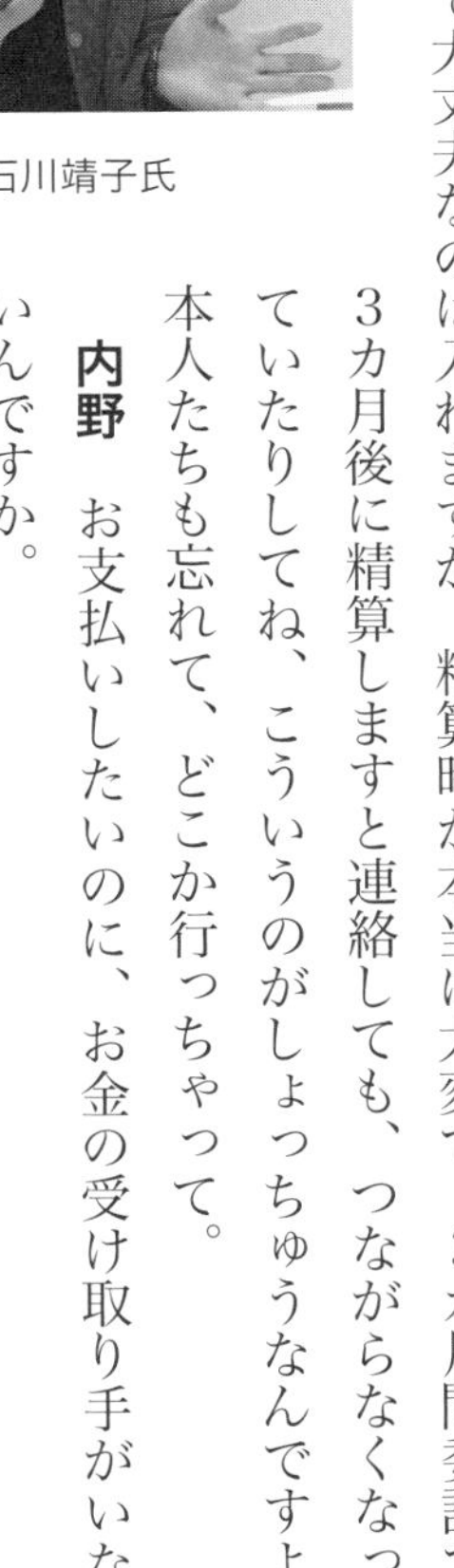

質問はうろ覚えですが、どんな棚をつくりたいか聞かれたことがあるんです。迷わず答えました。ジュンク堂書店池袋本店9階にある「ふるさとの棚」をそのままつくりたいと。ある特定の地域のテーマについて書かれた労作が肝心のその地域の人に情報すら届いていない。少部数出版物を図書館はもっと守るべきです。それは読者を守ることにもなるのですから。

地方の出版社の本はすごく誠実なタイトルなんですよ。涙が出るほど一生懸命なタイトル。大手出版社のビジネス書などと比べたら、これじゃ地味すぎて売れないんじゃないかと心配するくらいです。私はあの「ふるさとの棚」の前に立つと背筋が伸びます。ここにある本は図書館員の責任として読者に届けなければいけないぞ、みたいなね。

伊藤　個人がつくって持ち込みというのが３００件ぐらいあった。悪いことじゃないんですけど、経理がすごく大変なんです、自費出版物って。地元だと無碍（むげ）に断ることもできないので、内容を精査して大丈夫なのは入れますが、精算時が本当に大変で。３カ月間委託で、３カ月後に精算しますと連絡しても、つながらなくなっていたりしてね、こういうのがしょっちゅうなんですよ。本人たちも忘れて、どこか行っちゃって。

内野　お支払いしたいのに、お金の受け取り手がいないんですか。

伊藤　そう。３００件もあると本当に収拾がつかなくなりますね。泣く泣くきちんとやってくれるところだけとやらざるを得ない。僕がリスペクトするのは東京時代の前店長ですね。

「伊藤、おまえの好みの本は絶対、前面に出すなよ。普通の人間がおもしろいと思うこととずれている」と言われて。本当にそうだと思いましたね。自分ではいいと思ってやるんですけど、まるっきり伝わらないんです。そうか、僕の好みが曲がっていたんだなと。それで自分の好みのものは自分だけで大事にして、売るのは別のものにする。

内野 今しがた伊藤さんが自費出版に触れられたので、それに絡むお話をさせてもらいます。日本自費出版文化賞*という賞がありますね。実のところ図書館員はこの賞をあまり口にしません。芥川賞、直木賞、本屋大賞はよく話題にしますけれど、私は日本自費出版文化賞はすごく図書館にとって大切な賞だと思っています。例えば茨城に住んでいない方が茨城にまつわるテーマで本を書いていることなんてよくあるんですよ。それに気づかない図書館員が結構いて、私は書名からは地域資料として認識できないけれど、内容としては地域資料として○○市の図書館が所蔵しておくべき本を見つけると、インターネットでその資料の所蔵の有無を検索します。例えば、第21回の大賞を受賞したのは『石川啄木と北海道―その人生・文学・時代―』です。石川啄木で北海道でしょう、これは大きなキーワードですね。ところが、道内でこの本を持っているのはほんの数館です。石川啄木の出生地は盛岡、眠っているところは函館です。こうした点って敏感になるべきではないかと思うんです。

自費出版文化賞が発表になったときに図書館員が見て調べてみれば、これはうちと関係あるかな、みたいなのが結構あるんですよ。市民に言われてから「そうなんですか、知りませんでした」と、図書館が買うようじゃいけません。そして、できれば地域資料は後々の入

＊日本自費出版文化賞＝NPO法人日本自費出版ネットワークが運営する賞。自費出版ホームページによる自費出版データの蓄積・公開活動と連動しながら、自費出版に光を当て、著者の功績を讃え、かつ自費出版の再評価、活性化を促進しようとするもの。

手の困難さを考えれば複本で揃えてほしいところです。

図書館が複本で購入し一番目立つところに置くことで、そういった情報を知らない市民がやってきて、こんな本があるのか、図書館に来てよかった、となる。ときにはその本を買われる場合もある。これが図書館の仕事じゃないかなと思うんですが、いかがでしょうか。図書館じゃなきゃできないことだろうと思うんですね。立派な公共の仕事だと私は思います。

伊藤　あなたのところの有名な人のことが書いてある本ですよ、と聞けば図書館員は買うと思うんです。だとすると、やっぱり図書館員というのはアンテナを、全方位には無理でも出版社の思いをもうちょっと尊重すべきじゃないかなという気がしますけど。芥川賞、直木賞、本屋大賞が悪いという意味じゃ全くないですけども、その三つに特化し過ぎていますよね。ほかに良い賞はいっぱいあるのに、何でやらないいんだろう。

内野　文学賞だけで１５０ぐらいあるんですから。

伊藤　本屋さんは店舗の大きさや営業的な問題、社員さんの活用で、やりたくでもできないことがあると思うんです。でも、図書館というのは公共事業、公共サービスとして、いくらでも補填できるんじゃないですか。それは図書館の守備範囲です、うちがやりますよとなれば、もうちょっと書店と図書館が……。

石川　書店ができること、図書館ができることというすみ分けというか、得意なところをはっきりさせるというか。

伊藤　それを借りる人がいないなんて議論をしちゃ駄目ですよ。それをやったら元も子もない。市民に、こういう本が出ていることを知らせる義務があると思うんです。

石川　図書館にも自費出版の寄贈は多くて、そういうものを蔵書にするとき、著者が地域の方だと入れるようにしていますが、販売される場合は、どのように選ばれているのですか。

伊藤　一応目を通しますよ。自費出版の最大の課題は編集が入っていないことなんです。だから、独りよがりの言説をただ述べるだけのものも多くて、あまりに激しいと断ります。本として読むに耐えられるのかと。ただ、ものすごく売れた本もあります。19歳の女の子が書いた詩集。ここまで言葉を選んでこの世界をよく詠めたなと感心する詩集があって、自費出版でしたが１０００部単位で売れたんじゃないかな。

びっくりしました。でも例外中の例外ですね、そんなすごい作品に出会うのは。大体は独りよがりなので。だから、地元の人以外は断ることも結構ありましたね。断り方が難しいんですけど。でも、こちらとしても商売なのでね。今、幻冬舎、文藝春秋、講談社、新潮社、みんな自費出版部門を設けていて、そこで利益が出てる。

出版社によっては編集者をつけるところもあるんです。著者は文章に関しては素人ですから、ライターがついてきちっとつくってあげる。中には、読んでいてなるほどというのもあるんですけどね。ただ、今、大手の出版社の中には自費出版部門を儲ける手段として活用しているところもあるんで。それも8万点近い出版洪水の中だと、ちょっと……。

石川　新人発掘とかそういうことではなくて。

伊藤　ではないですね。最初の契約で著者が３００万円ぐらい出すところもあります。そして契約している印刷所。時たま、これは大手書店に並びますとか、甘言を弄するわけですよ。

内野　私が現職の図書館員だったときは、自費出版の寄贈で来たものに関しては、基本的にお断りすることはなくて、地元の方が書いた、もしくは地元にまつわる人物や事案を取り扱ったものなら、郷土資料、地域資料として入れていきました。

スタッフには、地域に出ることを日常意識して行わないとそういう情報は得られないことを不断に説きました。外に出ると如実に現れますね。顔見知りになると向こうからきます。「館長さん、本をもらってくれるんだって」と。図書館の棚に我が家の貴重な蔵書や家族が著した本が並んでいるのって嬉しいと思いますよ。ご自身だけではなく、ご家族やご親戚も。

石川　自分の本を図書館に置いてもらっているという思いは、おありですね。

内野　閉架に入るとちょっとショックですけどね（笑）。

石川　ところで、伊藤さんが山下書店に入られたのは、もちろん本がお好きだったということもあるでしょうけど。

伊藤　友達の推薦です。山下書店に入るまでに、僕、1万冊ぐらい本を持っていて。アルバイトしてそのお金で本を購入して、閉じこもって、お金がなくなるまで読んでは、またアルバイトに、という生活。だから、大学のときも楽しくて。東京はいろんな本がいっぱいあるじゃないですか、古本から何から。もう天国でしたね。

内野　ちなみに、その頃、図書館はお使いにはならなかったんですか。

伊藤　図書館はちょっとだけ使いましたかね。あとは大学図書館。でも大学図書館は専門的過ぎるので。僕は池袋にあった芳林堂と、あとは神田の書泉グランデ、阿佐ヶ谷にあった書原という本屋でしたね。小さいところも好きで見かけると入りました。

内野　今の話にちょっと絡むんですが、名古屋市が市民２０００人を対象に10月に行った令和元年度第2回市政アンケートの結果がウェブに出てました。名古屋の図書館を、「ほとんど利用しない」という方が43・9%。「一度も利用したことがない」方が25・7%。合わせると約7割の方は図書館を使っていない。何故かというと、本は買って読む人が約4割だからです。

私の知る範囲でも読書家を自認する方の多くはあまり図書館を使っていませんね。その多くは、私自身を含めてですが、図書館に自分の読む本がないと言いますね。地方だと、例えば図書館情報学の本なんて書店で見かけることはほとんどありません。それに比べ大都市には専門書も充実したメガ書店がある。

ここで図書館がやっていくのは、ある意味難しいと思うんですね。かつてジュンク堂書店が図書館より図書館らしい本屋だと言われてましたね。まさに下手な図書館はかなわないぐらいずらっと本がある。

しかも、あえて図書館関係者として言わせていただくとしたら、本屋さんが羨ましいと思うのは、こんな本まで置けるんだという商品構成ですね。図書館って価格、装丁、内容などからどうしても置けないというのが結構あるんです。もちろん予算の関係もあるから、素晴らしい本で、類書もないものでも、買えないものはたくさんある。

あくまで名古屋の例で申し上げましたけど、全く図書館を使わない市民が7割。これはどこの市町村もほぼ同じで、図書館を使うのは市民の3割と以前から言われています。人口10万人未満ぐらいのまちで考えると書店ではなかなか専門書は置けない。ニーズがないのではない。経営するうえでとてもペイできない。となると図書館が専門書をたとえわずかでも蔵書にすべきと私は考えます。

私は、伊藤さんの『盛岡さわや書店奮戦記』を読ませてもらったときに、専門書を求めている読者は地方にもきっちりいるんだ、と背中を押されました。確実に読者がいるはずなのに立証するものがなかった。でも、伊藤さんはそれを立証したんです。ちゃんといるし、しかも東京のフラッグシップ級の書店が驚くぐらい盛岡でたくさん売っちゃいましたよ、と。

ただ、これを書店にお願いできないですね。一市民が難しい本をいっぱい置いてと言っても誰が買うのよと。となると、やっぱりそれぞれの地域で図書館の選書が変わってしかるべきだろうと思うんです。今、どこへ行っても金太郎飴のように似てきているのが気になるところですけど。本館と分館は違っていいし、分館はもっとたくさん児童書があってもいい。その辺が一律になってきている。

図書館というのは本を貸すところではなくて、市民の方に本を届けるところだと。そう言うと利用者が減るとか、ご心配される司書がいるんですけど、少なくとも塩尻ではそんな結果になってないですね。周りの図書館が全然買わないような本は、逆に積極買いしようと私はやってきました。ベストセラー本の複本も制限する。そんなふうにしても結果は、市民一人当たりの貸出点数は長野県の市のなかでダントツの1位です。

一番つらいのは、求めている本が出版されているのに、それを知らずにいる読者ですよ。その方々にこんな本があると教えるのは書店や図書館の責務。借りる行為が買う行為に発展すれば、なお良いわけであって、その議論を日本図書館協会の出版流通委員会あたりでもっともっと練っていいんじゃないかと。電子図書館の議論もいいけれど、もっと基本的な議論が大事なんじゃないかと思います。

石川　どんな本にも読者がいて、多くの図書館が選んでないような本も買うことで、市民にその存在をお知らせできる、ということを内野さんは塩尻で実践されてきたわけですが、いま一関で選書もご担当されている伊藤さんはいかがですか。

伊藤　一関市にもナショナルチェーンと称する書店が来ています。そこの最大の欠点は買い切り商品*を一切扱わないこと。それでいて本のことなら日本一みたいに称しているけど、それだと一関の人は岩波の本や、『本の雑誌*』に出会えない。買い切り扱いの本には全て出会えないんですよ。

だから、初歩的な選び方として邪道ですけど、まず岩波書店やみすず書房の本ははほとんど全点入れます。書店にないから。最初から買い切り商品を一関図書館のために入れています。

昔だったら、ある程度リスクを負いながら商売をやったけれど、今はみんなノーリスク志向で、安全策ばっかりやる。だから図書館が請け負うしかないだろうと思って。

内野　例えば現職の図書館の方々は、やっぱり貸出点数は多いほうがいいと言う。私もそれは否定しません。ただ、貸出しが多い、要は頻繁に利用される期間を1年か、3年か、5年かと一定の期間で利用回数を調べてみたら、ベストセラーでも話題にならなかった本でも、5年のスパンなら超ロングセラーを除けば大差はないですよ。5年以内で除籍*なんてしませんから、やや専門的な本を蔵書に選んでも数字が落ちることはないんじゃないかと。もちろん所在地、大学の有無、図書館の規模もあるけれど、特に専門書を広く扱う本屋さんが全く

＊買い切り商品＝出版社から委託された商品を書店が一定期間販売し、期間内であれば商品を出版社へ返すことができる制度を委託販売制度という。この制度で商品を出版社へ返すことを「返品」といい、返品できない商品のことを「買い切り商品」という。

＊『本の雑誌』＝1976年4月に椎名誠、目黒考二らで創刊された月刊の本の情報誌。書評とブックガイド中心に、本や活字に関する情報を提供している。

＊除籍＝図書館の資料収集等の指針に沿い、図書原簿から図書館資料を抹消すること。物理的に除籍された資料は無償譲渡されるか廃棄処分となることが多い。

ない地方においては、逆に専門書が動くような感じがします。

伊藤　専門書もある程度選びますが、一関は大学がない都市なんで、大学の教養レベル以上に専門的なものは無理だろうと。そこは入れないようにしてますね。特に工学系。やっぱり大学がないところは無理ですね。

書店員の99％は図書館は書店の敵だと考えてる!?

石川　一部の出版業界の方から図書館界の選書に関して批判の声が上がっていますが、肝心の書店員さんって図書館員をどう見ているのでしょうね。

内野　公的な統計ではありませんが、文化通信社の星野渉さんが知り合いの書店員に聞いた話と断ったうえで、書店員の99％は図書館は書店の敵だと思っていると講演でお話になっていますね。さすがに99％というのはどうかなぁとは思いますが。（星野渉「出版産業の現状と図書館について思うこと」『みんなの図書館[*]』2013年1月号P.31）

伊藤　僕は1％のほうに入っていますね（笑）。考えたことすらない。こういう設問自体が何故？　図書館は敵でも何でもない、本を扱う仲間ですよ。方法論がちょっと違うだけの話で。図書館のせいで売上げが落ちるなんて恥ずかしいこと、よく言えますよね。自分が努力を怠っているわけなので、そんなことを言うこと自体、もう負けている。僕は現役の書店員時代に頭に浮かんだことすらない。変なことを考えている人がいるんだ。

内野　この99％という数値はいくらなんでもあり得ないとは思っていましたけれど。こ

＊『みんなの図書館』＝月刊で毎月10日に発行される図書館問題研究会の機関誌。

う言うと失礼ですが、いま本屋さんにお勤めの方は圧倒的にアルバイトさんが多いですよね。そういう人は逆に俺の商売の邪魔をするな、とは思わないんじゃないかと。

私も何回かブックフェアで対談させてもらったり、講演をさせてもらった中で、出版業界のグループと、図書館のグループが一堂に会するとき、それほど揉めないし、毎回、理解し合っていきましょうと、大体決まった結論に落ち着く。それなのにどうして20年以上も同じことをやっているのか、不思議なんですよ。全然前進しないんです。その日、前進したはずなのに、翌年も同じようなテーマで催す。また振り出しから話すんですね。何回話せばわかってもらえるのか。

伊藤　大手出版社の某社長が言ったのは大きいですね。衝撃を与えましたよね。それだけ版元[*]が追い詰められているというか、どこかのせいにしたいんでしょう。それで叩きやすいのが図書館だったんだろうと。本当はそんな理由じゃないですよ、売上げが落ち込んでいるのは。それがわかってないのかなという気がしますね。

内野　集会によっては、かなり刺激的なタイトルをつけて、図書館は敵みたいな書き方をされる。でも、敵だと言っている割に会場に行くと意外と穏やかで殺伐としてない。ただ、結論は見えたのか見えないのかわからない。その繰り返しなんです。これが例えば、出版流通の仕組みをドイツみたいにできないのか、そんな話であれば一朝一夕にはできませんよ。ところが、図書館と出版業界が一緒になって話すのは、そんなに難しい話じゃないですよね。

確か2016年だったかな、全国の図書館に冊子が配られているんです。日本書籍出版協会図書館委員会がまとめた『2015年「図書館と出版」を考える　新たな協働に向けて』

*版元＝図書など印刷物の出版元・発行元のこと。近現代の出版業界の用語では「出版社」のことを指す場合が多い。

という黄色い表紙の冊子です。

いろんな意見が出されていますが、究極的には図書館の資料費の増額が一つの結論です。出版関係機関が要望書を自治体に提出したくらいでは資料費の増額は望めません。というか、自治体で受け付けた文書を窓口である図書館がどこまで決裁をもらっているかですね。肝心の財政課に見せている図書館がどれだけあるか。この冊子ですら図書館の資料として登録していないところもあるくらいです。

出版業界、ひいてはまちの書店の窮状を庁内に周知する機会として、例えば定例の教育委員会議とかで、図書館長から議案ではありませんが一言いいでしょうかと、そういう働きかけをしたところなんてほとんどなかったと思いますよ。要は図書館が出版の問題を図書館の問題に閉じ込めているんじゃないか。昨今の出版不況の問題は、一部、自治体の問題として考えてもいいじゃないかと。

図書館に来た文書を館長が決裁してスタッフに流しただけでは教育委員会全体で認識すべき課題にはならない。図書館が今こういう問題の矢面に立っていると。まちの書店さんも必死に頑張っている。そんなとき行政ができることはないのでしょうか。

伊藤　僕は行政をよく知らないので、全く違う話をします。僕が出版業界が、ちょっと危ないと感じたのは90年代の頭ぐらいです。本を買うと収めるために本棚も買い足していくわけです。ところが盛岡に来てかなり大きな家具屋さんに行っても本棚がなかった。盛岡にはいくつも大学があるから、当然、本棚もあると思ったのに、ない。今の学生は本を読まず、本棚を必要としない生活をしているということに愕然として。

なかでも決定的なのは反知性主義。これでは本屋も出版業界も苦しむのは当たり前です。反知性主義は日本に着々と広がってきましたから。図書館も書店も孤軍奮闘ですよ。

実は、１９９６年ぐらいが書店、出版業界のピークなんです。バブルが今ごろになって来たなというのはそのとき感じましたね。おいしい目に遭った人たちが偉くなっていたんです、会社で。バブルがはじけてからの苦しい時代に入社した若手は、あのころは良かったと言われても、わかりっこないですよ。本がわっと売れて、何でも領収書で落ちて、バブルでそれを味わった人たちが10年後20年後、今は社長になっているわけです。だから危機の捉え方が遅い。それは90年代に感じました。これは駄目だろうと。

それと、ただ大きくすればいいというだけの考え方。それで２０００坪とかの大きな書店をつくるんですけれど、じゃあ人はどうするというと、コンピューターに任せて、アルバイトを働かせりゃいいんだというようなシステムをつくり上げた人たちは、アナログを知った上でデジタルを使いこなしたんです。ところが、最初からデジタル世代というのは、苦労した時代を知らずに、ほとんどアルバイト、パート雇用で使い捨てになってしまう。みんな、どんなに優秀でも30歳ぐらいになると将来のことを考えて、このままでいいんだろうかと考えますよね。そうやって業界自体、スポンと人が抜けちゃう。大型化の一番悪いところは人材を使い捨てにしたことです。最終的にそういう人たちを業界から追い出してしまった。

図書館も非正規雇用がどんどん増えていて、一関も活躍しているのは非正規の人たち。正規職員よりもできる人たちがいるけど、その人たちは雇用が安定してない。いつクビを切られるか、特に２０２０年から会計年度任用職員制度*という名目で1年ごとの契約更新ですから、ますますつらい立場に追いやられる。図書館にしても本屋にしても経験・知識の蓄積量ですよ。最低でも10年蓄積して、そこから見えてくる世界がいっぱいあるんです。ところが、正規・非正規だけの問題じゃなくて、下手すれば1年ごとの契約。きついなと思います。

図書館は行政職に組み込まれていますから仕方がないんですけども、今、非正規の人たちが完全に主力になっているのに、その人たちを守るものがない。今はともかく、あと1〜2年でどうなるかわからないですね。結局、人だと思うんですけど、人をないがしろにする仕組みはろくなものじゃありません。思いっきり飛びました。

内野　いま伊藤さんがお話になられた会計年度任用職員制度にしても、一見バラ色っぽく、ボーナスが出ると言ったって、実質的年収は変わらない。下手したら減る可能性もあったりして。

また予算の話に戻りますが、例えば日本全体の図書館が本を買える予算は30年前だと１館当たり約１１６８万円あった。これが直近だと８６８万円。明らかに減っていて、この30年ぐらいで4分の1がなくなった感じです。自治体の予算が逼迫しているので仕方がないというような、ある程度諦念している人が、特に社会教育現場に少なくありません。

ただ、これは自治体全体の予算で見れば、町役場だろうが、県庁所在地だろうが、実は本にかかる予算というのは本当に僅かなんですね。だから、役所全体が大騒ぎになるような、そんな問題じゃないんですよ。首長の采配どころかもっと下、例えば財政担当者にどう訴えるか。ただ、図書館だけよくしてくれという話は絶対してはいけないと思っています。

肝心なのは日頃からの企画や財政や人事などの部署との交流です。要は図書館サービス

＊会計年度任用職員制度＝地方公務員法第22条の２の規定に基づき任用される非常勤職員の制度で、令和２年４月１日から施行された。

を理解してもらう不断の取組みです。先方がこれでは図書館の資料費が少ないだろう、と案じてくれるような環境づくりです。ところが、司書の多くはこれがどうも苦手なようです。

どんな美辞麗句を並べても、予算が減るとどうしようもないですよね。予算が減れば人件費に響いて、すごい戦力の非正規職員のクビを切らざるを得なくなるし、正規職員も回ってこなくなるし、当然、肝心の資料費も減ってしまう。ここで本気になって、絶対これ以下にはさせないという動きを図書館界がしていかなきゃならないと思う。

じゃあ、どうすればいいかとなったときは、出版業界としっかりタッグを組んでやりましょう、行政を説得しましょうとやるべきだと思っています。司書が本庁の職員は図書館のことを理解してないというのをよく耳にします。それは間違いです。わかっていないだけで、わかろうとしていないわけでも何でもない。元はと言えば、図書館サービスを主張するだけで、行政全般に関心を示してこなかった図書館員の言動が原因をつくってきたと言えなくもない。

話は変わって、最近、コンビニが独自のブランドで本の販売を始めたじゃないですか。売り場も少し広めにとって。週刊誌は、ちょっと駄目になってきたので、厳しいと言われる出版に独自の活路を見出したのかどうかわかりませんけれど、特定のコンビニでしか買えない本が今後ますます増えてきたら、まちの本屋さんにどんな影響が出るのかと。

伊藤　それは、コンビニに力があるからやれることで、結構前からあったんです。ダイソーなんかもやっていました、かなり早い段階から。絵本とか安く独自のものをつくって、自分たちのところでしか売らない。当然本屋は扱えなかったんです。聞かれても、紹介だけしていましたけど。

今度はコンビニだけね。ただ、コンビニは今、雑誌の配送費すら出ていない。それだけ低迷しています。昔は客を呼ぶために、立ち読みだけでもと言っていたのが、今はそれすらなくなってきている。これも末期症状かと思っていますけど、どうでしょうかね。

内野　店舗数が店舗数だけに、最初からいきなりベストセラーになっちゃう。玉石混交で、本の善し悪しがわからなくなるんじゃないかと。でもベストセラーだという広告を見て買う人がたくさんいる。流行に遅れまいとね。そういう本が図書館にリクエストされる。もちろん全否定はしませんよ。全くそんな気持ちはないですが、出版社が新聞に大きく新刊の広告を出すと、それだけで図書館にリクエストが来る。この繰り返しで本当に良いのだろうかと考えてしまいますね。

石川　うちの地元の小さい書店さんから、一番の痛手は競合店じゃなくコンビニと聞いたことがあります。今は雑誌だけじゃなく、その書店さんはコミックだと。コンビニだけで売ってる限定の分厚いザラ紙の、あれが売れるんだよと言っていて。

内野　価格を見てびっくりしました。この価格でつくれるの？　みたいな。コンビニだとつくっちゃいますよね、部数が部数だけに。

伊藤　僕の後輩が岩手の湯田町で書店をやっていました。本も売って化粧品も売る20坪ぐらいの店だったんですね。そこが潰れた原因がコンビニだったんです。要は『少年ジャンプ』とかの雑誌の売上げをコンビニに全部とられちゃったんです。

その店は配達がメインで、月刊『文藝春秋』は２００部以上売り上げていたし、いろんな月刊誌を何百部単位で持っていたわけです。問題はコンビニができてその書店が潰れたことで、配達がなくなって雑誌が全滅したんです。今まで何年もずっと定期購読していた人たちが全部解約。当然ですけど、どこからも取り寄せられなくなった。まちに本屋がなくなったから。

だから、今の出版不況は、まちの大事な本屋を潰していって、雑誌から何からみんな極端に数が減った結果です。配達というのはばかにならないんですよ。もうやめようかなと思っても、顔を見れば来月もお願いしようかとなるし、これもついでにと、ご用聞き的なところもある。それが全部潰されたんです。それがまちから本屋が消えるということですよ。じゃあコンビニでといっても、コンビニはそういう人間関係を完全に遮断したところで成り立つものだから、代わりにはなりません。

内野　図書館員は基本的には本を理解しているし、愛情も持っている。書店員さんも同じように本に愛情を持っている。コンビニの店員さんに、それと同レベルで本に愛情を持ってくださいといっても無理でしょうよねぇ。

石川　先ほど内野さんが図書館の利用者は3割と言われましたが、それを増やすために図書館なりの方法で、できることはあると思われますか。

内野　できるとは思う。私は塩尻の市長に、貸出冊数を増やすとは宣言しないで、利用者、登録者を増やしたいと申し上げた。劇的に貸出しを伸ばすことで、いかにも外様館長はすごいだろうというのは、よくある成功譚ですけれど、そんなことは全く考えてなくて。

当たり前のことですが、図書館は誰のものかといったら市民のためのものですよ。もちろん運動公園だって、温水プールだって市民の10割は使いません。10割は無理としても、非常にたくさん本を読まれる読者が実は図書館に来ない。この方々の持っているそれまでの図書館のイメージを払拭することができれば、その方々は来てくれるんじゃないか。もともと本が好きなんですから。各種調査を見ても、大体二人に一人は日常的に本を読まれるんです。

卑近な例ですが、２０１０年の塩尻市の登録者数を見てみますと、39％の登録率です。ちなみに隣の松本市は48％、さらに長野市は15％だったんです。これがえんぱーくが開館してどう変わったか。２０１６年度は、長野市は19％、松本は48％。塩尻は74％、１・９倍になったのです。この後、登録要件の見直しなどで登録を抹消される方がいて数値は下がりましたけれども。図書館の利用登録者が倍増したのは事実。

これは多分、近隣の図書館の叢書（そうしょ）＊を調べて、松本市が手を出してない叢書を差別化として積極的に集めるといった多種多様な本を収集することを選書方針とし、逆に予約の多い本の複本購入はできるだけ控えた。こうした書店と図書館未利用者を意識した選書方針を基本にして、広域圏の住民をも射程に据えたサービスをすることで現れた結果だと私は思っています。

普段よく来ている方の嗜好に合わせた本を買えば利用は伸びるかもしれません。ただ、これを続けていたら潜在的な利用者の掘り起こしにはならないし、そもそも公共サービスの在り方として正しくはないと思います。

本当に図書館が公共サービス機関として公正・公平にやるとすれば、ベストセラーの大量の複本ではなくてこっちでしょうと。複本を揃えるのなら児童書とか郷土資料。子どもが

＊叢書＝同じ種類・分野の事柄について、一定の形式に従って編集・刊行した一連の書物。シリーズ。

借りるのを楽しみに図書館に行くのに、いつ行っても貸出中ではかわいそう。人口規模にもよるので一概には言えませんが、書店に平積みされている旬のベストセラー本と同じものを、待たせてはいけないと図書館がたくさん複本を揃えて貸し出しすることは一考の余地はあると思います。

石川 そうですね。何度もお話に出ていますが、出版されているのに、読者に届いていない本はたくさんあって、それらを図書館で揃えることで、利用者の増加につなげたことは、塩尻市の良い事例ですね。当然、予算の都合もありますが、取り組むことはできるはずですよね。では、図書館から市民の方へのPRというのはどうでしょう。

伊藤 待っていては増えようがないとは思っています。今年（２０１９年）は講演ばっかりやっているんですけど、そこでいろんな本を紹介したりとか。僕はとにかく本の楽しさを伝えたいというか。

さわや書店のころ、民放のＩＢＣラジオというところで10年間本の紹介番組*をやっていたんです。岩手県の書籍のシェアというのは全国で０・６％しかないんですが、僕がその番組で紹介する本は最大で３％まで上がりまして。本というのは伝え方なんだと。うまく内容を伝えれば、岩手県にこれだけ読者がいるんだと実感しましたね。

僕は本を売るというより、本を伝える。書店でありながら本を伝えるにはどうしたらいいかということばっかり考えるようになって、ラジオはほんとにいい経験でした。賞を獲った本は一切紹介しない。そういう有名なやつじゃなくて、新人だけどこの作家はおもしろいとか、みんながあまり気づかないような本を紹介するんです。

＊本の紹介番組＝ＩＢＣ岩手放送「朝からＲＡＤＩＯ」のＢＯＯＫナビのコーナー。

テレビよりラジオです。テレビは毎週2回、やっぱり本の紹介をやっていましたが、出てたねと言うだけで、本なんか誰も覚えてない。ところが、ラジオの場合は10分番組でしたが、よく聴いてくれているんです。それは驚きでした。

１９９６年ぐらいからかな、10年間ですね。その番組から日本中にヒットしたものがいっぱい出て。『天国の本屋』は映画にまでなった。あとは大平光代さんの『だから、あなたも生きぬいて』とか。

内野　ちなみに一般書のベストセラーって、いまは1万部とかですか。

伊藤　昔は10万部以上を言ってましたけど、今は2〜3万部でもベストセラーと言ってますね。

内野　卑近な話で恐縮ですが、私が書いた本を塩尻の書店で印刷部数の10分の1ぐらい売ってるところがあるんです。又吉直樹さんの『火花』がベストセラーになった年、その書店の販売数の第2位は私の本だったらしいです。こういった事実から、考えようによっては地方においてベストセラーの常連は地元作家というような展開も、販促次第ではあり得るわけです。なにか特別なことをしているわけではなく、全国区の有名なベストセラー本と肩を並べて地元本が堂々と平積みされているだけですが、この宣伝効果は大きいです。

石川　そうやって地元の作家さんを応援するのは、書店ではよくやっていると思うんですけど、図書館でも事例はあって、直木賞候補になった作家さんの出身地ということで、候補になった時点で図書館を挙げて応援をしているのを見たことがあります。地元の人だよということをアピールする方法もあるんだなと。すごく有名ではないけれど、文芸書としては読まれている、そういう作家さんをもっとみんなに知ってほしいって。

内野 辻村深月さんが直木賞を獲ってメジャーになる前に地元の山梨の図書館は応援していましたね。たまたま私や伊藤さんは地方で働いているわけですけど、ローカルのアドバンテージというのは、一人でも有名人がいると前面に出すことです。東京で支援してよと言ったって有名人だらけの東京ではこうはならないでしょう。

石川 おらが村の、という（笑）。

内野 無理やり観光大使にしちゃったりね（笑）。だから、そういう人がいたら図書館はどんどん応援していいと思うんです。役所の中で最も熱心に取り組むべきは図書館でしょう。私はあちこち全国に講演に行くけれど、このまちにはこんな有名人がいましたよねと聞いても、知らないと答える図書館員ってけっこういますよ。

石川 地元の人が書いたものを、誰が見てもこの地域出身とわかるように、ちゃんと棚をつくっている図書館や書店さんを見ると、すごいなと思います。

伊藤 今、文芸畑では日本のトップだと思うんですけど、小学館の編集者がいるんですが、数々のミリオンセラーを出していて、実は彼が一関の出身で。一応黒子じゃないですか、編集者って。でも、図書館で彼が編集した本ということで、僕が時々ピックアップして出すんです。そうすると、みんな驚く。

『世界の中心で、愛をさけぶ』は実は彼が見出した。高校の教員だったんですが、『大辞泉』の編集作業に応募して辞書の編纂を何年かやった。それが終わって小学館としても人事に困って、会社として文芸書をつくったことがなかったので、初の文芸書担当として、たった一人で始めたわけです。

最初はメジャーな作家に当たって、見事に断られた。それは織り込み済みだったから、やっぱり自分で作家を育てるしか方法はないということで、まず、ネットで発表している人たちの文章を全部読んだ。その中で彼が注目したのは文体だそうです。この人の文体はいいが、テーマはこれじゃ駄目だと作者に手紙を送った。会っていただけませんかと。会って、テーマを出して、書かせて、それでヒット作を次々送り出した。

僕はね、一人の力ってこんなに大きいのかと。彼は端から有名な作家を諦めて、自分で育てる、自分が作家をつくればいいじゃないかという発想になった。今、小学館の文芸はすごいんで。それをほとんど彼一人でつくってる。

あとは最近だと、ポプラ社もおもしろいですね。

内野　伊藤さんにお尋ねしたいんですが、本屋さんでは児童書もいま結構厳しいじゃないですか。やっぱり児童書はあまり儲からないんですか。

伊藤　実は、80年代から90年代にかけて、児童書が蔑ろにされた時代があるんです。スペースの割には利益がそれほど出ないというような印象だったようで。僕はそれを逆手にとって、１９９４年、さわや書店本店の隣に「モモ」という児童書専門店をつくったんです。

宣伝効果もあってか、初日、絵本だけで数十万売り上げました。用意した本がどんどんなくなっていく。内容を知らなければどうしようもないので、店員には徹底して、空き時間でもいいから読め、読め、ばっかり言ってたんですけれど。夢だった児童書専門店をつくったことによって、世間的に流れが全く変わりましたね。

一時期、コミックばかり増えたんです。何処の店でもコミックコーナーがワーッと増えて、児童書はその分、どんどん縮んでいって。みんなが後退しているところを、うちは柱に据えようと。それで、店名もミヒャエル・エンデの『モモ』からとりました。

内野　全国展開しているような書店、特に郊外のチェーン店って、ほとんど同じように児童書売り場がすごく少ないじゃないですか。売れるのなら置くはず。つまり置いていないということは、売れないのかと思ったもので。

伊藤　いや、そういうナショナルチェーンというのは、買い切り扱いの本は置きませんから、児童書だと、岩波書店もない、福音館書店もないですよ。結局、そういうことなんです。それらを抜きにして児童書棚をつくったら、どんなふうになるか。それは魅力なんかないですよ。だからますますもってつまらなくなるし、お客さんは行かなくなるし。僕に言わせればそういうことだと思います。

雑誌の発行部数を考慮した保存年限の検討を

内野　今回の対談のためにちょっと調べたことがあるので、その話をしますね。

純文学系の文芸誌『文學界』『群像』『新潮』など、そういったものは、もちろん図書館は割と何処でも所蔵はしてるんです。

ところが、廃棄がすごく早いんですよ。あくまで例なんですけど、茨城の公共図書館は55館ですが、例えば『文學界』は31館で、6割ぐらいが所蔵している。

そのうち永年保存は3館です。もちろんすべての図書館が永年保存しなければならないとは思っていませんよ。ただ、3年以内で廃棄というところが84%あるんです。『群像』だと所蔵館は20だから半分に満たない。そして3年以内で廃棄が80%。発行部数で言うと『群像』は直近だと6000部なんですよ。6000部しか世に出ていないものを、図書館が3年で廃棄していいのかと。これが10万、20万と発行されているなら、何処かは所蔵していることもあるだろうけど、あまりに少ない。

当然ですけど、本屋さんの数と印刷部数を考えれば、純文学系の月刊誌を置いていない本屋さんもいっぱいあって、図書館ならあるだろうと思ったところが、1年で廃棄というところもあるのでは。それが駄目だというつもりはないのですが。これだけしか印刷されてないものを、雑誌だからというだけで廃棄、除籍していいものだろうかと。今回、改めて調べて、ちょっとドキッとしましたね。

雑誌だからたくさん出ているだろうという認識を、一部の図書館が持っているんじゃないか。それどころか、自分の勤務する図書館が所蔵している本や雑誌が何部出てるのかということを気にしていないんじゃないか。

例えば県内の広域圏単位、県単位でもいいので、もうちょっと広域での保存のあり方みたいなものを考えていかないといけないのではないか。ここは本屋さんが手を出せないところなんですね、バックナンバーは。

ということは、図書館が最も得意とする分野のはずなのに、図書館に行っても、ないんです、1年たったら廃棄ですと。だから、この辺の部数と、これまでのやり方が本当に合っているのかを、見直したほうがいいんじゃないかなと思っています。このことは本や研究論文を書いたことのある人なら痛感しているはず。図書館っていったい何なのって思いますよ。

要は、少ない本を除籍して、たくさん世に出回っている本をたくさん保存してるんですよ、今の図書館は。必要な本だと司書が判断し購入しても、そもそも宣伝もされないマイナーなテーマや著者の本の利用は多くない。除籍の基準に貸出回数なんてものを使うから、類書のない貴重な本がほとんど読まれていない状態で除籍される。図書館の除籍本の棚にそんな貴重な本を見つけると溜息が出ます。

伊藤さんは図書館に来られて、除籍に関してはどう思われますか。

伊藤　除籍は一番頭が痛い。やらないわけにはいかないですね。県内の何処が持っているのかは徹底して調べて、そこで持つなら、それは任せようという判断でしかやれないですね。『文學界』『群像』が売れてないということは当然、書店時代からわかってたことで。

文芸誌というのは、作家にとって必要なものだけど、これだけでは利益が出ない。ただ、そこから二次使用、三次使用、単行本が生まれて、さらに文庫本にと、そういうトータルでやっとプラスに持っていくのであって、やめるにやめられないところに今、出版社はきてるというのが『文學界』や『群像』ですね。

『群像』は講談社の看板雑誌みたいな時期がありました。70年代の『群像』は編集が抜群でした。確かに部数はどんどん落ちてます。最近の印刷部数公表では6000部。だから、かえって今、守るべきものになってるのかもしれない。それができるのは図書館しかないですね。

内野　これだけの少部数のものをわずか1年とか2年、3年で……。違うんじゃないかというスタッフがいても、決まりですから、そうならざるを得ないにしても、どこかで立ち止まって、よく見れば、これはちょっとやばいんじゃないかと。特に受賞にからめて、かつて候補作になったものの落選した作品が載っている号とか、売れてなかった頃の作品が掲載されているとか、図書館が文芸誌というものを図書館らしい方法で幾らでも読者に伝えられる、図書館らしい仕事というものを矜持にしてほしいですね。特に小さな自治体の図書館は限りなく書店に近づいているような気がしてなりません。

ちょっと話が飛びますけど、そういう図書館のポテンシャルというものをもっともっと市民の方々にお伝えしていったら、それがどこかで議員や市長に直接届くかもしれない。

具体的な声が上がっていけば、絶対に否定される世界じゃないですよね。実際に超党派で、読書に関してたくさん法律をつくっているし。例えば文字・活字文化振興法は、読書環境の整備は行政がやるべき仕事だといってるわけです。それがなかなか行政を動かし切れていないところがあるんですよね。

当然、地方公共団体の責務があるとして、公務員にとって法律は大事ですからね。法律でうたわれていますと首長に説明ができる。

1カ月半ほど前の10月27日、読売新聞が社説で、「文字・活字文化の日」*が国民にしっかりと根づいているかどうかを書いてるんですよ。この日を庁内で周知する主管課はどこかと問われれば図書館と言って差し支えないでしょう。ところがどれだけ積極的に図書館で取り組んでいるかといえば、決して満足に行われていない。例えば9月1日の防災の日が役所の防災主管課によって広報されているように、図書館は役所全体に法律の趣旨を伝え、行政全体で取り組んでいくといった行動を起こすべき。

法律という後ろ盾があるんだから、そこから図書館サービスのあり方などをワンランク高いところで議論できるんじゃないかという気がするんですね。図書館が庁内でもっと広く議論すべき問題を逆に図書館だけの問題として抱え込みすぎているから、予算の要求にしても戦略的な行動がとれないじゃないかと思うんです。

一関と塩尻で共通しているのは、首長が図書館に対して政策的な位置づけをしていることです。塩尻は決してお金のあるまちじゃないですが、政策に持っていければ、市長に認識していただければ、それなりのことができるんですよ。その持っていき方も、少し外側を見てみたら、ネタになるものがいっぱいあるんじゃないかと。

例えば平成29年度の予算額。30年度は塩尻市が新しい地域館をつくる関係もあって、ちょっ

「文字・活字文化の日」＝2005年7月に議員立法として、文字・活字文化振興法が施行された。この法律は、日本における文字・活字文化の振興に関する施策の推進を図り、知的で心豊かな国民生活及び活力のある社会の実現に寄与することを目的に制定。読書週間の初日にあたる10月27日を「文字・活字文化の日」と定めた。

とお手盛りの予算になっているので、29年が一番いいかと思ってご紹介しますが、当時の松本の財政力指数は0・71で、塩尻も0・71。私が住んでいる鹿嶋は0・98。鹿嶋はすごくお金持ちなんです。じゃあ、図書購入費はと言うと、鹿嶋は700万円なんです。塩尻は約2800万。人口一人当たりの図書購入費は、塩尻は415円、鹿嶋は102円です。

700万円と2800万円、ここだけを見ると、ものすごい差ですけど、市長とか議員とか含めて、図書館は何ができるかしっかりと議論されれば、この程度の予算額を図書購入費に充てるのは決して困難なことではありません。要するに市民が必要としているものであれば、十分に考慮されるもの。ただ、図書館員が資料費をほしいと言っているだけで得られるものではないです。予算を要求するには、要求時だけではない、365日の積み重ねが必要なんです。予算がなくてなんて不満を市民にいう前に、やるべきことをやっていますかって問いたいです。

市民の読書権を保障するという意味で、別に図書館だけがよくなればいいという話じゃなくて。特に本屋さんが減り、本屋さんの棚から児童書が減るとなっては「市長、児童書は絶対に必要です」と言っても怒られないと思いますけど（笑）。

石川　文芸誌の除籍の話に戻ってすみません。例えば県内、都内であと一冊しかないという場合、最後の所蔵館は捨てないといった取組みを県域や広域で取り決めしているところがありますが、岩手県内はどうですか。

伊藤　そうですね。永年保存している種類が本当に少ないので、果たしてそれでいいのかという疑問はすごくありますね。

内野　もちろん、全部を永年保存する必要はないし、それは無理です。ただ、私も一利用者として何から何まで相互貸借*で借りてくれとはいいません。なければ諦めます。だから県内のどこかが持っていれば事足りるというのは、実際に資料を求める人の感覚とはちょっと違うと思うんですね。今、目の前にあるのなら借りたいという利用者が圧倒的に多いと思います。

自治体によっては、お金を払わなければ相互貸借がお願いできないところもありますし、1カ月に1回といった回数の制限のある図書館もありますからね。だから除籍の前にもうちょっと期間があって、もう少し本を大切にとっておくプールがあってもいいんじゃないかと。

例えば大宅壮一文庫*でもとってない雑誌がありますよね。しかもある特定の趣味人の世界では決してマイナーじゃない雑誌があるんですよ。国会図書館にあればいい、という問題じゃないと私は常々思っています。

空き校舎を活かした図書館資料の保存の可能性

伊藤　今、一関市には図書館が8館あって、ほとんど閉架（へいか）*が満杯に近い状態になりつつあります。一関図書館も開館して5年なんですけど、かなりキツキツになってきて、あと何年もつんだろうというところです。みんな頭を抱えているのが除籍の問題ですけど、それを解決するのに、除籍は一応選ぶけど、廃棄するんじゃなくて、空き校舎を利用して保管でき

*相互貸借＝図書館同士が所蔵している資料を貸し借りすること。近隣の図書館に目的とする資料がない場合、全国の図書館から探し出し、そこから借りて利用することができる。

*大宅壮一文庫＝日本で初めての雑誌図書館。評論家・大宅壮一（1900〜1970）の雑誌コレクションを引き継いで、明治時代以降国内で発行された雑誌を所蔵。

*閉架＝利用者が読みたい本や資料を請求して書庫から取り出してもらう方式、またはその書庫のこと。

ないかと。学校の統廃合が激しくて、まだ使えるような空き校舎がいっぱいあるんです。建築強度もあるし、どこかから本棚なり持ってきて、できないのかなということを考えています。ただ、オンラインにしておくと大変なので、そこはオフラインにして、何かあった場合に調べてみますと。維持管理はボランティアさんみたいな形で任せちゃう。そういうことをやれば、安心して除籍できるようになる。

先々週かな、本を処分したいという個人のお宅に行ったんですよ。郷土資料の保管なんかも、カバーして、なおかつ袋に入れてるんですよ。だから、どこも焼けてない。図書館で持ってるのはかなり焼けた状態で、取り替えるか複本としてもらってもいい。

半日かけて選んで、とりあえず4箱いただいてきた。それを今、登録してるんですけれど。そういう人たちがいっぱいいても、代が変わると、本は意外と平気で捨てられちゃう。それを救う手立てはないのかと。将来的に宝物になるから、公的に空きスペースを利用してやれないのかと。それをきちんとやれば、ここは大したものだということになる。

教育長なんかに話をしても全然ピンとこないんだね。幾らかかるとか言われるけど、今より将来を考えましょうと。困っている市民がいて、図書館も書庫が目いっぱいだから、それを助ける方法として、空き校舎の活用があるんじゃないか。

内野　茨城の県北にある廃校になった小学校の分校ですが、広い校庭と、朽ちてはないですが古い校舎が残った。これを再生する話が出たらしくて、学校は造りが堅牢なので、蔵書家の本の置き場所にしようと。例えば3～4000冊の蔵書を持っていて、場所をとる蔵書のことで、家族の冷たい視線を感じている人に、あなたの書斎がタダで手に入ると。私がそこを訪ねたとき、昼間、気持ちよさそうに大音量でジャズを聴いてるんです、その本のオーナーさんが。音が漏れても校庭だから、誰にも迷惑をかけない。

そういう光景を目にした方が、私の本やレコードなどを置いてもいいでしょうかとなる。そして人の出入りがあるからネズミが来なくなるんです。建物だって、使用されることで朽ちにくくなる。もちろん細かなルールはいろいろあるでしょうが、単純に言えば、使わなくなった校舎を本の置き場にお使いになりませんかと。伊藤さんがおっしゃった、図書館の除籍本があってもいい。そうすると、あの村に行けば、30年前の『群像』があるよ、みたいな。

伊藤　月刊『少年』という雑誌がありましたが、あれはほとんど単行本になってなくて、その場で読むほかなかったんです。それを大事に持っていたら、今は宝物です。まだ持ってる人たちがいるんで、それを集めれば、まちの宝になるし、市外から人を呼び寄せる道具にもなる。

内野　数は多くはありませんが、全国の廃校利用を見てきています。多いのはパン屋さんとかブックカフェ。役所が壊せないでいる建物は、放置していたら朽ちるだけなので、人に使わせないと。旧校舎には本が一番似合います。

石川　本の所有者が亡くなると、次の世代の人たちにとって、本は多くがゴミなんですよね。

伊藤　ゴミですね。古本屋さんも今はそんなに……ましてや新古書店なんて一切とりません。そうすると、宝物が本当にゴミになっちゃうんですね。多少劣化するでしょうけど、宝物のままに保存するには、個人が無理なら、公のところでやるほかないのかと。

僕なんか、本をさわっていればいいのでボランティアで入りたい、毎日のように（笑）。市民が声を出して言わないだけで、個人宅の大量の蔵書で困っている人が多いと思う。

内野　私が長野にいたときに、知り合いから電話があって、「主人はこういう分野の専門で、２０００〜３０００冊はあるかも」と。いい本でも図書館で所蔵しても活かすことができないものがあるじゃないですか。そこで、古書店に電話して一緒に行こうと。しかるべきところに行くべき本があるので、その価値判断も含め依頼のあったお宅に来てもらい一緒に棚の本を見た。そうするとタダで持っていってもらいたい本が、実は価値のある本として電卓がはじかれる。これは古書店、これは図書館がもらいますと。依頼者には多少のお金が入るし、本にとっても一番いい居場所に移ることができる。

図書館が仕方なく無理してもらっちゃうと、図書館員は笑顔で帰っていきますが、それを整理する職員は笑顔じゃないですからね（笑）。何でこんなにもらってきたのと。嫌われる本でも古本屋さんは目を輝かせますもん。それも図書館に電話をかけてきてくれたからであって、それがなかったら、多くの生き延びられる本が命をついえているでしょうね。

伊藤　学校図書館もいろいろなところをのぞかせていただきましたが、やっぱり差があります。先生方も校長もすぐ替わっちゃうことで、一貫性がないんですよ。ただ、一関市は川崎図書館が近くの川崎中学校に定期的に入ってるんで、そこはいい学校図書館になってます。地域の公共図書館が入ったところは、いい図書館になる。

でも、多くの学校では先生だけに任される。しかも、国語の先生に押しつけちゃうんです。国語の先生が本のことをわかってるかというと、そんなこともない。結果、読み物が中心か、セット物ばかりで理科系のものがことごとくない。学校図書館を見ると、本当にショックを受けます。

一関市は読書普及員が入って、だいぶよくなってきましたね。リクエストにもすぐに応えて、図書館から持っていきます。少しずつ変わりつつありますけど、本当に大変です。

石川　非正規雇用であるとか、複数校兼務という働き方で、決して恵まれた雇用ではない場合が多いのですが、それでも、図書館に人が入ることは学校図書館において大きなことですよね。

内野　人が入ったら変わります。本が生き生きしますよ。やっぱり触ってもらいたいんですよ、本は。ただ、学校図書館の最大の問題は、校長先生が本に理解があるかどうかで全然違っちゃうところ。

伊藤　この辺の高校の図書館は、ずっと開いているわけじゃないんですよ。僕らが高校のときは、授業をエスケープして図書館に行って、好きな本を読んだりしてたんですけど、そういう自由は今、一切ないという……それもつらいなと。

近くの小学校に講演で呼ばれて、本の話をしたんですが、そこはオープンスペースなんです。ドアがあっての図書室という「室」じゃなくて。そこにボランティアの女性が必ず二人は入っていて、その方たちが本を整理したりしているんですけれど、そういう人たちが必ずいることによって、授業についていけない子とかエスケープしてくる子たちが、安心してそこに入り浸ってる。これはこれでいいよな、図書館を逃げ場にするのもいいんじゃないかと。

ドアも何もないので、本当に自由に入ってきて。校長先生にも話を聞いたんですが、本来であれば逃げ場がないところで、うまく利用してくれていると。学校図書館はそういう役目も担っていますと。自分の好きな絵本とか一生懸命見ているわけですよ。そういう姿を見ると、子どもたちにはこういう使い方もあるんだなと思って。ドアで閉ざさない。開けっ放しで、自由に入れる。オープンな図書室には、すごく感心しましたね。

内野　私がパーソナリティーを務めるラジオ番組（「ＦＭかしま」Dr.ルイスの〝本〟のひととき*）に出てくれた現職の公共図書館員の方に、司書になろうと思ったきっかけを聞くと、割と高いパーセンテージで通っていた学校図書館の司書の先生の印象が良かったからと答えられますね。なかには逆に接遇があまりにも悪かったので、これでは駄目だという理由で、司書を志した人もいましたが（笑）。でも、ほとんどは学校図書館の司書の先生がすごく優しくて、薦めてくれる本が素敵で、こういう人になりたいと。圧倒的に女子に顕著な傾向ですが。

石川　子どもたちにとって貴重な場ですね。

内野　私も学校図書館でびっくりしたのは、２０１４年に学校図書館法が改正されて、学校司書が法制化されたじゃないですか。それで流れが変わってきたときに、横浜市が小学校・中学校、特別支援学校の４９９校の全てに学校司書を1校に1名配置しましたよね。

確かに横浜は大都市です。２０１９年度の予算は7億円ですからね、学校司書配置事業。ちょっと風向きを変えさえすれば予算はつく。これは本の持っている可能性だと思うんです。本を読むことを誰も否定はしませんよと。本当に横浜市にはびっくりしました。東北の某県は相変わらず、学校図書館司書がほとんどいませんもんね。自治体の格差がすごすぎる。

＊「ＦＭかしま」Dr.ルイスの〝本〟のひととき＝２０１２年10月から２０２０年３月まで7年半にわたり放送された図書館をテーマにしたラジオ番組。

伊藤　2年ぐらい前に、高校から講演を頼まれて行ったとき、女子生徒の中に司書資格を取って司書になりたい人がすごく多いんで、どうしたらいいですかと聞かれたんですけど、今は資格を取ったところで司書になれませんよと。まず行政職に受かっても司書として図書館で働けない本当に狭き門なので、司書資格を取れば何とでもなるというのは絶対に考え違いでね。先生方も進路指導で、そういう子が多くて悩んでいると。

今、一関市では、1年に一人ぐらいずつ正規職員として専門職で入ってきています。いろいろなところを落ちまくって、それでもなりたいと勉強して。例えば書店で何年もアルバイトしていたから書店のことに詳しい。本にも詳しい。なおかつ図書館に対して情熱を持っている。そういう子たちが毎年一人ぐらいずつ入ってきているんですよ。その子らと話をしていると、昔の司書とはレベルが違うというか、ここまでして本当にやりたいんだと。だから、一関はちょっと楽しみかな。1年ごとにそういう人が選ばれて入ってきているので。

内野　それを続けてやっている地方都市はそんなにない。一度は館長や司書をヘッドハンティングしても、首長や議員は歓迎でも、一緒に働くことになる組織の職員が必ずしも歓迎していないところは少なくない。愛知県田原市の図書館長のように3人も続けて外部から経験者を採用するなんて自治体はそうはないですね。

伊藤　本当にいい人材が入ってきているというのは、話をしていて楽しいんですよ。最近入ってきた子たちは、いろいろなものを読んでいる。わからないことは質問してくるし。すごいですね。驚きです。知識量がすごいからこちらも、たじたじのときがある。本当に勉強していて、一生懸命やろうとしている子たちが続々入ってきてます。嬉しい悲鳴。

内野　確たるデータは基本的になくて全くの主観ですけど、本庁の職員と図書館の職員の平均で言うと、私は図書館の職員の方が勉強熱心な人が多いと思っています。特に非正規職員の熱心さは本庁と比べ物にならないくらいです。もちろん一部の職員ではありますが。自腹を切って遠隔地の研修会を受講するなど真面目な方が多いし、人好きな方も多いんですけど、本にしか関心がない人が少なくない。

今、伊藤さんは一生懸命、本に詳しいと言ったけど「お住まいのまちの人口は何人？」「第三次産業就業人口は何割？」と尋ねたらほとんど「わかりません」と返ってくる。ここの力をつけたら、図書館員は鬼に金棒ですよ。市民の声は日常的に聞いているし、もちろん知識も豊富で、なかには博覧強記の方もいる。そこに行政全般の知識がつけば強いですよ。

また地元の話で恐縮ですけど、例えば観光とか名産とか、図書館員に聞くと、すらすら答えますから。ただ、本庁の職員のような市全体の政策的なところの関心はと言うと、あまりないんです。そこがもったいないね。皆さん、すごく優秀なのに。ほんのちょっとだけ外の世界に足を踏み出せば、いけると思うんですけどね。

図書館の資料費予算を増やすには

伊藤　図書館の貸出冊数を増やすということでは、内野さんは結構否定しますけれども、僕は貸出冊数を非常にシビアに見てるんです。それを上げることが僕の使命の一つだと思っている。

というのは、行政は数字でしか見ていないところがあって、一関図書館ができて、いろいろなところが見学に訪れて、資料として渡すのは大体みんな数字が入ったものなんです。みんなそれを見てチェックして、本棚の本の配置がどうかを見る人はほとんどいません。議員さんたち、そんなところは絶対に見ないですから。自分のところの行政職だって、やっぱり数字でしか見ないところがあるので、僕の立場としては数字を落とせないんですよ。上げるためにいろいろなアイデアを全部ぶち込んでいくというか。

一関図書館はリニューアルオープンしてから5年ですけれど、普通オープンした初年度は高くて、その後どんどん落ちていくけど、ここは上がってるんです。それだけはちょっと自慢できるかなと。図書館の固定観念でいくと絶対に無理なので。

書店と図書館ではフェアの打ち方が違うんですね。図書館は同じものが1冊しかありませんが、書店の場合はフェアとなると同じものを10冊20冊、しかも10点20点と大きな島にして、そこにポップをつけたりして、やるわけですね。

図書館の場合は、一人借りたら空白ができて、3週間は返ってこない。フェアも長くて2カ月はやるんですけれど、せいぜい2回転で終わり。だから1冊しかないものをどうするか。発想が違うんです。組み立て方も書店とは全然違う。

もっと大きな広域ジャンルの枠をつくって、本が借りられても似たようなもので補充できるような形で、20点のフェアに実は50点近く用意してるんです。借りられるに従って、次から次へと違うものを織り込んでいって、そういう形で1カ月ずっと出していく。あと、図書館は棚にびっしり入れちゃう傾向がある。それではかえって借りられないんですよ。

内野　あれは駄目ですね。大学の授業でも駄目だと教えています。塩尻に着任早々、スタッフに言いました。詰め込みすぎだと。

石川　きっと皆さん、閉架に本を下げることへの恐怖みたいなものがあって。

内野　表に出てないと市民が本に出会える機会を逸するんじゃないかと。実際は棚にびっしり本が詰まっていることで、利用者は求めている本が探しにくいんです。いい本があっても退色した背表紙の並ぶ棚は魅力がないので、そんなところに1カ月前に買った新刊があっても利用者の目が向かないですよ。

図書館にいたころ、棚に余裕があれば1冊でも面出し*にしたり、面出しの本を変えたりした。利用者は図書館に行くたび面出しの本が違っていると新鮮な棚と感じます。

伊藤　それは書店もそうで、面と棚とのバランスがあまりにも悪過ぎると、選べる人も選べない。あまりにあり過ぎるのも、そうじゃないでしょうと。ポイントのつけ方があるはずだし、平台に積んで、その後ろに棚があって、そこでも面をつくる。このバランスね。まず商品内容のバランス、全てのバランスですね。

図書館も書店も、面にするというのは非常に勇気が要る。棚は楽といえば楽なんです、管理的には。面にするのは本がわかっていなければできない作業なんです。それで唸らせるということは、よほど本を知ってるなと。書店に入ると一目でわかりますね。ここは知ってる、知らないとかね。

僕は東北に来たとき、いろいろな書店に入ったけれども、及第点は1店だけだった。他に感心した店は一つもない。秋田、青森、山形にも行ってみたけど、微妙に本を知らない感

＊面出し＝（「面陳（めんちん）」ともいう）本を立てて表紙を正面に向けた陳列方法。

じで、入って棚をぱっと見ただけで、これはわかってないなと。やっぱりわかってる人がやってるところは、全然違う。

図書館では福島県の南相馬市さん。あれは参った。並びを見て、うわあ、これは本を知ってるわと。あれは本当に驚いたね。まさか図書館でここまでわかってる人間がいるのかと。あれはショックでした。発想にワクワクして、驚いた。あれでスイッチが入った。図書館で頑張ろうと。それまではやる気がなかったの。つまらないな、図書館って（笑）。

内野 南相馬は面出しもうまいんですよ。あそこも全国から専門職を定期的に採っています。そういう意味では、やっぱりこれまで出てきた「人」というところがいいんでしょうね。

図書館のポテンシャルを首長に伝える

内野 私が塩尻で心掛けたのはホスピタリティを尽くすこと。秀でたものがなくても笑顔でカバーできると思うんです。知識やスキルがどんなに優れていても、対応がつっけんどんだと、そんな図書館に市民は二度と来ませんから。

だから、愛されれば人は来るし、おもしろいことに、蔵書が充実していることと、いい図書館員がいることとでは、圧倒的に後者の方が人づてに伝わるんですよ。みんな、優しい人がいっぱいいるから行ってごらんと。そこがものすごいポイントじゃないかと。

もともと素地はありましたね、塩尻は。挨拶も丁寧で好感が持てた。ただ、それを全体化しなきゃならない。どこのまちの図書館もそうですが、丁寧な挨拶をしてくる人と、仏頂面で対応する人がいる。これじゃいけませんね。

石川　確かに、本がないことに不満を持つ利用者は絶対にいると思うけど、それについてこの本がないから嫌といったことは言われたことはないです。でも、あのときの対応が不愉快だったというのはやっぱり、言われるんですよね。

伊藤　そうですね。下手をすると二度と来なくなる。

内野　どんなにいいコレクションをつくっても、何千万という資料費をつけても、利用者が図書館員の接遇に呆れたら終わり（笑）。だから資料費が少ない、部屋が小さくて古いなんて全然マイナスにならないと。図書館というのは、気持ちいい応対をしていれば、ハード面が貧弱でもバックアップしてくれる市民が増えてくる。だから、あなたがしっかりしていれば、小さな図書館でもできるからと、講演ではよく言うんですけど。司書課程を受講している学生も言いますからね。本当によく使っていた図書館の、たった1回の図書館員の態度に失望したら、もう二度と行きませんと。

石川　怖いですよね、本当に。

内野　これが公民館であれば、よそのまちの公民館に行って社会教育活動をするということにはなりにくい。でも、図書館はほかのまちに行けるので、本当に接遇が大事なんです。

伊藤　最初にぱっと笑顔が出る人がいると安心ですよね。最初むっつりしてたら、ちょっとたまらないですよ。頼むから、もうちょっと優しい顔をしてよと（笑）。

内野　私も館長だったから数字はもちろん大切ではあるけれど、もしも図書館業務を査定する側の、例えば企画や財政の人間だとしたら言いますね、この目標値、貸出冊数の数値を変えてみないか、何か考えてくれないかと。市長がこれは使える、と唸るようなものを。そういうポテンシャルを図書館は持っているはずだと。すごく損をしている気がするんですね、図書館って。貸出冊数も大切な数値だけど、そこだけで市長を説得するというのはこれからはますます厳しいと。そこはもうちょっと違う主張ができないかと。

学生に聞いてもそういう反応です。図書館の貸出冊数が伸びて、図書館活動が活発だと思いますかと尋ねても首肯しません。それは違う。図書館活動が活発かどうかは、貸出冊数の多寡ではないと思いますと。だから、学生はわかっているんですよ、図書館のポテンシャルを。そこだけで評価されちゃうと違うということを。

例えばガードレールをスクールゾーンの近くに200メートルつくることで、児童・生徒の事故防止が8割方可能になるので、そのための予算が欲しいと言ったほうが、絶対に説得力があります。目的は児童・生徒の安全対策、その手段がガードレールの設置でしょ。それと同じように、図書館が持っているいろいろなポテンシャルを、数字や言葉を使って表現できるんじゃないかと思うんです。

もちろん、自治体によって事情が違うので一概には言えませんが、そこはやっぱり地域を見る目ですよね。地場産業の振興に図書館がこれだけ寄与できるとなれば、聞く耳を少しは持ってもらえるんじゃないでしょうか。ただ、地域の素材についても、不勉強な司書が多いので、そこはどうしたものかなと思いますけれども。

石川　地方では、住まいと勤務する図書館が近くて、地域のことをよく知る人も多くて自分事になりやすいんですけど、都会で自分の居住地と図書館の場所が全然違ったりすると、図書館がある地域の課題に関心を持ちにくいということは多少ありますよね。

内野　ありますね。逆に現場の石川さんにお尋ねしたいのは、郷土資料に関するような、例えば歴史や事件、さまざまなキーワードがあるじゃないですか。このキーワードは、例えば横手市に詳しいとか。そういうものはどうやって後輩に伝えていくんですか。今、どんどん職員が替わるじゃないですか。どうしても非正規職員におんぶしている中で、よくぞ、揃えてくれたこの地域資料、みたいな伝統はどうやって継承されるのか。

石川　一つはレファレンス記録かな。代々残っているものがあるんですけど。あとは何でしょう、口伝……難しいですね。自分がほかのメンバーに伝えているかというと、できてないと思います。やっぱり課題です。

内野　資料費をもう少し増やしたい、もしくは最低限これは守りたいというとき、一番説得しやすいのは地域資料だと思うんですね。そのときキーワードはいっぱいあると思うんです。いまはインターネットで全国の図書館の蔵書が検索できます。このまちに所蔵されていて然るべき資料がスルーされているのも簡単にわかっちゃう。数年かけて出版されるシリーズ本の欠本も、担当が替わるとありがちな落とし穴ですしね。

石川　そうですね。データベースとして残していかないと。その人がいるときは買っていたのに、以降は買わなくなったということになっても困りますね。

内野　塩尻は筑摩書房創業者の古田晁（ふるたあきら）*が生まれたところです。終戦間近の1945年8月5日のこと。古田晁が渋川驍（しぶかわぎょう）の『柴笛』という原稿を大切に持って中央本線に乗ったんです。ところがその電車が空襲を受けてしまった。車両が血の海になったものの、古田は何と

＊古田　晁＝1906年-1973年）は、日本の出版人、長野県東筑摩郡筑摩地村（現・塩尻市）生まれ。筑摩書房の創業者、初代社長。1996年に故郷の生家が塩尻市に寄贈され塩尻市立古田晁記念館が開館。

か一命はとりとめたんですが、原稿が血だらけに。それは今も塩尻の古田晁記念館に「血染めの原稿」として保存されています。

これが語り継がれる湯の花トンネルの列車襲撃事件です。そうすると「中央本線四一九列車」という文字を書名や副書名で見かけたら、もしかしたら古田晁に関する記述があるかもしれない、と思うのが塩尻市立図書館の司書であってほしい。

伊藤 小説の中でこの辺がちょっとでも舞台になっているのは大体見つけて、コーナー的に扱っています。やっぱり借りられますね。身近なところが出てきますから。

内野 図書館に行くと、地元が舞台になった小説という棚を見つけることがあります。あれは嬉しいですね。いかにも図書館的な仕事で。私もとても勉強になります。

石川 郷土資料で今、思い出しましたが、横手では「横手本」という共通データベースがあって、そこに打ち込むことはしてますね。さっきのお話のように、記述に横手に関することがあると、見つけた人が入力するという取決めを全館でやっています。

伊藤 それはいいですね。

石川 ある程度まとまったときに整理して、ちゃんと表示したいです。利用者が本を返却したときに「この中に横手が出てきたよ」と教えてくれるときもあって、「知らなかった。ありがとうございます」というようなこともあります。そんな感じで、できることを少しずつやるぐらいでしょうかと、さっきの話に戻って思いました。

書店で一番大事なのは入れる作業じゃなく削る作業

内野　実はこの企画が郵研社で通ってから、一関と塩尻の図書館がいかにこだわった選書をしているかを証明したくていろいろ蔵書検索してみました。そうしたら結構ありましたね。岩手県は一関だけ、長野県は塩尻だけという本が（笑）。

未來社の社長、西谷能英（にしたによしお）さんが書かれた『出版文化再生』という本は繰り返し読んでいる一冊なのですが、実はこの本、公共図書館に限れば、岩手では一関、長野では塩尻だけにしかないんです。

言葉は悪いですが、動くか動かないかよりも、必要かどうか。一関は伊藤さんがいらっしゃるから当然なんだけど、塩尻も一関も共通しているのは「出版」という言葉にものすごく敏感な点です。タイトルに「出版」とついていたら買う、みたいな。だから、県立や県庁所在地の自治体すら買わないような本をしっかり買っています。

ちょっと面白いことがわかったのは、私みたいな図書館関係者が図書館に関する本を書きます。そうすると図書館は割と蔵書に加えてくれます。また、現役の書店員もしくは出版社の方、取次とか出版業界の方が書いた本も、図書館は結構買います。場合によっては、図書館関係者が書いた本より所蔵されているものもあります。

そこで一つ問題です。「本屋」とか「本」とか、そういうものには図書館員は飛びつくんですが「出版流通」の課題とかにとなっちゃうと、途端にすっと手を引くんですよ。図書館はこういうタイトルだと不思議なくらい引くんですね。

伊藤さんとこういう機会が持てたら一番聞きたかったことなんですが、書店さんは、書店関係者が書いた本は割と平積みするじゃないですか。でも、図書館関係者が書いた本は全然入ってないところが多いですよね。これはどういう理由があるのでしょうか。

伊藤 入ってこないです。取次で、最初から道を閉ざされてますね。ジュンク堂とか紀伊國屋レベルだと、1部2部でも必ず入るルートがあるんですけど、普通のまちの書店には入ってきませんね。

個人的には、図書館や書店の人が書いたものは大体、自分で買うけど、全部注文です。だって、書店に並んでいるのは見たことがないですもん。今は書店を離れてますけど、いろいろなところとSNSでつながってるものですから、読んでおかないと何を言われるかわからない（笑）。中には、すごいなという人が本当にいますしね。

石川 私が書店員さんの書かれた本で、一番おおっ、と思ったところは、減らしていく作業だと書いてあったところです。大型店ではない書店で、何を置かないかをすごく考えられたと。さっき内野さんが、書店がうらやましいのは何でも置けるところだとおっしゃいましたが、そこはすごく反してるというか。何でも置けるの「何でも」は、実はすごく精査されたものだと思うんですけど。

伊藤 ちょっとだけ意味が違ってるんですけど。「何でも置ける」と「削る」はちょっと違うので。書店で一番大事なのは入れる作業じゃなくて、やっぱり削る作業なんです。入れるのは誰でもできるんです。そうじゃなくて、新しいものが入ってくる限り、棚をつくっていくときに、どうしても外さなければいけないものが必ず出てくる。そうすると、内容がわかってないと削れないんですよ。安心して削れるものは、そうあるわけじゃないので。

僕はとにかくいろいろな作家、特に新人は必ず読むと決めてるんです。どういう作風かがわからないと。だから、かえって東野圭吾さんは安心して切っちゃいますよね。あと椎名誠さんとか。

内野　東野圭吾を入れないんですか。

伊藤　いや、入れないということじゃないんですけど、中にはこれはちょっと……というものもあるので、そういうものは安心して削れます。全て100点満点の本が書けるわけがないし、読者には最初にそれに出会ってほしくないんですよ。評価が、例えば出版社のほうで5段階のAだとすると、僕はAを信じてないんです。売れてるからAなんでしょうと。内容を吟味してじゃなく、売れてるからAランク、Sランクとつけるんですよ。そのデータは日本中のいろいろなところの取次から出てくる数字なんですね。

例えば西村京太郎さんは、今、書店ではほとんど売れてないです。ところが、駅の売店とかで売れてるから、数字上は売れてる。そのSランクを信じて書店が入れると、何でSが売れないんだと。だから、統計の魔術なんですよ。それに気づけばね。

テナントに入っている書店のデータだと、『オレンジページ』関係とか『主婦の友』とかの料理本、そういうものが売れてるんですよ。ところが、まちにある本屋ではそういうものは全然売れません。そういう客層は来ませんから。だから、データをどういうふうに読むのかということも、みんなに教えたいんですけどね。

まず、データにごまかされない。出版社のこれはSランクだから置きなさいみたいな指示が一応あるんですけど無視。ノーランクのところから、自分の店に合ったものを選んでいく作業をして、さわや書店は上がっていったんです。結果、何でここにはおもしろい、ユニークな本ばかりあるんだと。

だから、無名の中のこれはおもしろいというのを選んでいく。帯は（出版年が）古くて付いてないので、内容紹介のために帯に一言コメントを入れたり、面展開したり工夫して、ほかでは売ってないものも売っていったんです。それでいきなり売上げがぐんと2割上がって、そのままずっと上がっていきましたからね。

内野　盛岡市内だと、かなり強烈な差別化を打ち出したんですか。

伊藤　自分では意識していなかったんですけど、結果的にそうなりましたね。来客数が桁外れに増えていった。日販が調査で出した、坪あたりの売上げ水準を、あっという間に倍にしちゃった。そうすると、日販の計算は合わないですよ。自動車の通る数、人の歩く数、いろいろ計算に入れますから。周りの施設や県庁までの距離、どういう人が暮らしてるとか、全部計算して出すんですけれど、うそだろうと。僕の感覚が正解でしたね。商品を変えただけで。だから、入れるのは誰でもできるんです。

書店は長年、委託販売でやってきました。そして、委託販売でバブルを経験したわけです。要するに、来たものをただ並べるだけで売上げが上がった時代をみんな経てるわけです。だから、自分の頭で考えるということをやめちゃったんですよ。

でも僕は、前のところでもそうだけど、上げなくちゃならない理由があって、積極的に攻めていかない限り、どうしようもなかった。とにかく徹底して読むということは、書店に入る前からずっとやっていたけれど、今度はそれに売るということを結びつけるとなったら、有限のスペースでは、とにかく要らないものをどれだけ削れるか。その削る作業に一番頭を使いました。

さわや書店に来る前に、山下書店町田店という20坪の路面店の店長だったんです。そこの特徴は、新刊が入らないことだった。20坪しかないですし、どちらかというとコミックスと雑誌が中心の店で、書籍をほとんど売ってないから、配本はゼロ、新刊がないんです。

取次が決めている配本ランクというものがあるんですけど、前年まで3年間ぐらいの平均を見て、ランク配本が10ランクだとすると、一番下の10ランクにすら入らないくらい売れてなかったから、配本はゼロなんです。だから、新刊が入らない。新刊が入らないから、既刊を自分で選ぶ必要があったわけで、だからこそ、助かったんです。新刊というのはどうしても積まなければいけないプレッシャーがあるんで。

内野　既刊本だと注文になるわけですよね。

伊藤　全部注文です。

内野　注文って意外と取次は嫌がるという話を聞いたことがある。

伊藤　いやいや、取次も出版社も嫌がりません。ただし、支払いがすぐ来る。新刊委託は、3カ月置いて、4カ月以内に返してもらって、それから精算ですから、かなり余裕があるわけですよ。そちらのほうが楽なんですけど、いかんせん、入らない。でも、新刊の入らない何があるのかと。それでつくっていくんです。それがすごくいい経験になった。

内野　でも偶然、その本屋に入ったら、あれ、不思議と感じますね。

伊藤　不思議ですよね。新刊がないわけですから。

内野　不思議というか、おもしろい、何、これ、古本屋？と（笑）。

石川　返品はできるんですか。

伊藤　注文は買い切り扱いなんですけど、注文も委託も同じ本ですから、わからないので、そこは……（笑）。

駅前の一等地ですから、売上げ的には悪くはない。僕の前の店長が腕を痛めて、僕と交代することになって、僕は本店の副店長をしていたんですけれども、明日から町田の店長をやれと言われて、えっ!?と。心の準備が何もできてない。その日の夜に行って様子を見たら、バス停の前なのに入口が開けっぱなしだから、煙が入ってきて本がべたつくんですよ。ディーゼルエンジンの油煙、これはどうしたらいいんだろうと。本が汚れてしまうので、大事に一冊一冊売るのは危険な店だと。既刊本で構成していくしかないので、自分の知識を全部そこで出さなきゃいけないなあと。

結果的には人件費がほとんど変わらないのに大幅に売上げが上がって、社長の喜び方が尋常じゃなかった。人が替わるだけで、こんなに上がるのかと。すごかったですね。既刊でこれだけできるというのは、自信になりました。

内野　本屋さんのなかには、ほしくても新刊が届かないと、よく言うじゃないですか。

伊藤　だから、その言いわけは絶対に許さないですよ。それはあなたに知識がないだけだと。だから同じように図書館も、予算が少ないから駄目というところは絶対に許さない。そんなことはあり得ない。それははっきり言う。今あるものだけでも面白いことができますから。その自信だけはありますね。それもこれも、経験を積ませてもらったおかげですね。新刊がないところは楽しかったですよ（笑）。

内野　町田というロケーションがね。

伊藤　そうですね。40万都市ですから。絶対におもしろいと思いますね。20坪なんていうのは取るに足らない、その周辺にある一番小さな店なんですよ。ほかはみんな最低でも300坪とかあるので。しかも、きれいで、ビルの上のほうにあってね。支店もすぐ近くにあって。大手がひしめいているところに、私のところは20坪。しかも、路面店でバスの油煙も入ってくる。最悪の条件ですよね。だから、襟とか真っ黒なんですよ。

最初に何をしたのかというと、本をおろして、棚を外して、外で棚を洗剤で洗って乾かした。それで、また本を詰め直す作業を全部やったんです。そこからはじまって、結果的には最高益を出した。だから、新刊が入らなくて駄目だということを聞くと、ふざけるなと。なくたって、何とでもなるぞと。

石川　確かにそうですね、広さじゃないというのは。私の勤務館もとても小さい図書館ですが市内の中では貸出しは多いほうなんですよ。もちろん、立地や地域的なものもあると承知していますが、単純に山ほど本が揃っているだけで利用者が喜ぶというわけではないんだと思います。

伊藤　今、一関図書館では移動図書館車＊（ＢＭ）にちょっと革命が起きていて、担当者がやる気を出して、僕もこの前、引っ張り出されたんだけど。利用者アンケートをとって、今まで読んで感動した本とか、どういう本が読みたいかとか、ジャンルに丸をつけてもらったりするわけですよ。僕がそれを見て選書して一人一人に渡すというのを、この秋からはじめて、やっと選び終わったんですけど。

今、改めてアンケートをとってますが、大体はおもしろかったと。普通だったら絶対に借りないとか、何、これ、というものも何度も読み返したとか、結構好意的なんです。だから、やってよかったのかなと。それで、ＢＭの一般書の貸出しが1・8倍ぐらいまで跳ね上がった。たった一人のアイデアとやる気で。ＢＭで何ができるのかを考えて、積極的にいろいろな試みをやっていって、一気にこうなったんですよ。

そして、みんなの反応がいい。おもしろかった。また頼むわ、みたいな感じで。だから、さっきの話にもあったけど、本当に個人の力は大きくて、その担当者は笑顔がすごい。目が合うとニコッとしてくるんですよ。誰も憎めない。あれが最大の特徴だろうなと。ニコニコしながら頼まれると、絶対に逃げられないです（笑）。わかりました、やりますと。いい経験をさせてもらいました。

石川　利用者としては選んでもらえる、その価値というのはすごく高いと思います。本だけじゃないと思うんですけど。

伊藤　そうですね。小説だけじゃなくて、自己啓発も読みたいとか、すごい年配の方で昔の武士の話を読みたいとか。今まで誰をどう読んできたのかということはわからないわけ

＊移動図書館車（ＢＭ）＝資料を積載し市内を巡回する車両。ブック・モービルやＢＭとも言う。

ですよ。ただ、織田信長あたりが好きみたいなことを書いていたんですね。じゃあ、まるっきり違う方向で行こうと、上杉鷹山を薦めたりして。こちらが相当ひねくれた答えを出して、それが当たったみたいで、こんな本があったのかと。

石川　それは伊藤さんが、本を紹介することを一生懸命やっていますと先ほどおっしゃっていた、その一つですよね。

伊藤　まさか一人一人に合った選書をさせられるとは思ってなかったけど（笑）。しかも、わずかなアンケートなので、そこから結論を導き出すのは、すごく大変というか。年齢から全部丁寧に見ました。年齢がわからないと、どういうものを読んできたのかが想像もつかなくて。平岩弓枝さんをずっと読んできた。えっ、どうすりゃいいのと。今、ああいう作風を書く人がいないので、高田郁さんあたりが近いのかなと思いつつも、どちらかというと玉岡かおるさんだろうと。そうすると、やっぱり感激してくれる。初めての作家だけど、これはおもしろかったと。だから、そうやってつながっていくんですね。

おもしろいといえばおもしろい経験をさせていただきました。悩みましたけど。しかも、メジャーな作家を使わない。読んでないですから（笑）。

仮定と検証を毎日やることで売り場を変えていく

石川　伊藤さん、書店での棚づくりのお話をうかがえますか。

伊藤　常に仮定と検証ですね。これをきちんと毎日やることが売り場を変えていくんです。そこが図書館と大きく違うところで、新しいものが毎日ものすごい数、入ってくるわけですよ。新しいものが入ってくることによって、売り場というのは変化を遂げていかなければいけない。

それをどう分析していくかというと、コンピューターのデータでは読み取れないんです。実際に目で見て、さわって、売れたもののスリップ*で精査することによって動きを捉えていく。図書館は変わり方がもう少し遅いと思うんですよ。役目がちょっと違うだろうと。書店はどうしても流れなので、それに対して図書館の一番大事な機能はストックですから、そこが同じ本を扱いながらも大きく違うのかなと。

そして出版界というのは、ストックよりフローのほうを、現金を欲しがっている。だから、出したものがすぐある程度売れてくれる書店とだけつき合いがあって、図書館はややなおざりになってると。ただ、専門書を出してるところは然に非ず、ですね。図書館がないと成り立ちませんので。だから出版業界でもエンターテインメント系を出すところは、図書館を結構憎んでる。そういう発言をするところが多いけれど、専門的なものを出しているところは、図書館があるから出せると。

内野　大手新聞に書評が載っても、昨今はあまり売上部数につながらないという話をよく聞きますね。

伊藤　そうですね。20年ぐらい前から言われてることなんですけど、なかなか信じてもらえないですね。効き目がないよと言っても全然駄目なんです。むしろ家庭欄とか書評のページではないところで紹介されたりすると、グーンと来るんですよ。

＊スリップ＝書籍の中に挟んである短冊型、二つ折りの売上げカードのこと。スリップは出版社への追加注文伝票を兼ねていて「短冊（たんざく）」とも呼ばれている。

僕は書評の先生方が悪いとは思っていませんが、書評っていろいろな人に本を割り振って、この中からどうぞという形でやっていくんですよ。だから統一性がとれていないし、先生方が好みの本を選んで書評をしているので、それが今の世情に合ってるかというと、決してそんなことはない。自分の書評のための本が選ばれているので、それでは絶対に伝わらないだろうと。読者を完全に無視してると。だから、僕は新聞の書評は、一応参考にはしますけど、信じないというか。

石川　新聞広告を打たないで、書店員と飲みニケーションを図って棚に並べてもらう努力をしたほうが、よほど本は売れると聞いたことがありますが……。

伊藤　出版業界って基本的に飲みニケーションですよね（笑）。

石川　作家さんとも、書店さんとも。それは昔のよき時代だったころの話じゃなくて、今も続いていることなんですね。

伊藤　それが有効な手段であり続けることは間違いないですね。

内野　飲みニケーションは確かに大事。本庁なら課を超えていろんな部署の人としょっちゅう飲んでいる。また役所の近辺の居酒屋だと、隣の席も役所の同僚なんていうことも珍しくない。ここでの会話から、補助金の情報や市の喫緊の課題など、仕事に活かせる大切な情報が得られる場合がある。ところが本庁と勤務時間が違い、本庁から離れた出先の図書館の職員は、この大事な場所にいない。本庁から図書館に異動した私は当初焦りました。ここにいたらおいていかれてしまう、と。

大きな都市はよく知りませんが、人口10万人くらいの自治体だと、市長が幹部職員を連れ、市内で地区座談会のようなものを行います。残念ながら図書館長はその席に呼ばれませんが、図書館長がいたら、どれだけの地域情報を仕入れ、どれだけの図書館サービスを広報できるかしれない。本当にもったいない。

せんだって、ある大きな民間会社の社長さんが、代替わりのインタビューかな。「うちの会社は技術者がたくさんいる。とにかく寝ても覚めても新技術の開発をしてるのに、売るのは下手だ。できた技術を売ってくるぞという傭兵がいないから駄目なんだ」と。図書館も、そこなんですよ。要は図書館がやっている仕事はこうですと言うのを、すごくわかりやすい言葉で、地域に出ていって説明できていない。

図書館関係の本、例えば情報リテラシーと言われても、一般の人は絶対に食いつかないですよ。だから、もうちょっと言葉を易しくして、しかも、図書館を使ってもらいたいはずなのに、図書館関係者の書く文章は総じてみんな読みにくいし難しい。

卑近な例ですけど、私が塩尻に行った当初は「図書館だより」をつくってなかったんです。長いこと休刊していた。でも、休刊というのはおかしいよと。パブリックリレーションのツールとして必要欠くべからざるものですからね、「図書館だより」は。ちゃんとPRを続けていかないと、公共機関としていかがなものかと職員に問いかけました。幸いに図書館だよりを自分にやらせてほしいというスタッフがいて、すぐに復刊にこぎつけました。復刊してから、あるとき、年配の方にしみじみ言われたんですよ。みんなホームページを見て、と言うけど、ホームページを見られる人は一部だよ。私たちがほしいのは紙だよと。だから、復刊してくれてよかったと、本当に喜んでくれて。

全国的に見ると、例えば月1回発行のペースで広報を出しているところばかりではないと思う。いろいろな事情があるんでしょうけど。とにかく図書館は発信力が弱い。来館してくれた人へのサービスに満足しがち。

石川 図書館の中だけで完結しがちですね。図書館の人からすると、やってるけど、それを外に知らせていないと。

内野 図書館は例えば役所のあらゆる部署と資料を通じてつながっているわけで、どことでもやろうと思えばキャッチボールできるのですが。

市民のお宝も図書館利用を促す大きなアイテムに

伊藤 今、一関市の広報誌[*]で本の紹介を担当してるんです。文芸書中心に、これは今年の代表作だよね、みたいなのを毎回3冊ぐらい紹介していたんですけど。ところが、さほど借りられないんですよ。何故だろうと思って、今年、ちょっと方向転換して、実用的な、例えば最近紹介したのは、草取りをどうやって楽しむかという本で、これは誠文堂新光社から出たものです。あと、三陸沖の魚の半分は実はやくざの組織が密輸入していると。身の回りで実はこんな大変な問題が起きてる、といった本を紹介した途端、8館の中でせいぜい3～4冊ぐらいしか持ってなかったんで、貸出し希望がたまっちゃって、ああ、こういうことなのかと。

こちらの独りよがりで、この文芸書はおもしろいというのをずっとやってきて、全然反

＊一関市市長公室広聴広報課が編集する広報誌＝広報いちのせき「I-Style」。

応がなかったのに、身近なところにこういう危険があるとか、こういう楽しみ方があるとか。発想の転換でこれだけおもしろくなるというものを紹介した途端に、バーッと来た。司書さんたちも驚いちゃって、次から次へと予約が入るから。しかも新しい本じゃないんですよ。

だから、僕がよかれと思って紹介する文芸書じゃなくて、もっとみんなが身近に感じることをきちんと書いたもののほうが、かえって喜ばれるのかと。全部が全部、そうだろうとは思ってませんけど、今年、書き方をちょっと変えました。紹介の仕方がちょっとまずいなと。今までワンパターンになっていたのかなと。

石川　すべての本には読者がいると、教わったことを思い出しました。市民一人一人の興味関心に寄り添うような本を揃えて、紹介していくことを積み重ねていきたいなと思いますね。

伊藤　そうですね。今までは9分類ばかりでしたが、それが5、6、3といったところに広がったので。おもしろいですね。

石川　横手市の市報にも図書館のコーナーがあって、おすすめ本を紹介しています。持ち回りで書いているのですが、私の紹介した本が『モンテレッジォ 小さな村の旅する本屋の物語』だったんですけど、それを借りられた方からお手紙をいただいたのです。その方は私が紹介したことは知らなくて、市報を見て借りたから、それを書いた人に渡してねといって。自分では絶対に選ばない本に出会えてよかったと書かれていて、本当に嬉しかったです。

内野　伊藤さんが独りよがりとおっしゃいましたけど、そういう意味では私も塩尻で完全に反省しなければならないのは、独りよがりで、これは図書館が持ってる貴重な本なんだと。それを鍵のかけられる展示ケースに入れて、これでもかと展示していたけど、あまり反応はなかったんです。

以前、南相馬市の図書館を見に行ったときに、書架の間にミニカーが置いてあったんです。車の本の近くにね。そんな南相馬を見る前のことです。塩尻の市民の方から図書館のイベントに合わせて、図書館にミニチュアカーを飾りたいという提案があったんです。そのとき、私は市民からとても大切なことを教えていただきました。スバル360*をつくったのは塩尻の人なんだと。しかも本を図書館の棚から持ってきて、この本にスバル360を開発した伝説の技術者である百瀬晋六(ももせしんろく)*のことが書いてある、と。

後日この本を知っている人いますか?と、本を見せてスタッフに聞いたのですがだれも知らないんですね。

提案してきた方はミニチュアカーのコレクター。スバル360のミニチュアカーをたくさん持ってるから、ショーケースに並べてみませんか、と。その方の協力で、大量のスバル360のミニカーを並べたり、シトロエンのミニカーをイベントに合わせて展示したりしました。なによりも、スバル360と塩尻の縁を教えていただいたことで、図書館員として地域資料をとらえる新たな視点に気づかされました。クルマにはそれを生んだ開発責任者がいるのだと。それが名車と言われるものならば、その生みの親は郷土の誇りなのだと。

石川 スバル360イコール塩尻だということを、そのミニカー展示で知ることができますね。だからこそ、塩尻でやる意味がある。本だけでなく、モノで地域の歴史を知らせることは、きっと、どこの地域でもできますね。

*スバル360＝富士重工業(現・SUBARU)が1958年に発売した軽自動車。以降12年間に累計約39万2000台生産。「てんとう虫」の愛称で親しまれた日本を代表する名車。2016年度の機械遺産に認定された。

*百瀬晋六(1919年-1997)＝日本のエンジニア。戦闘機エンジンやスクーター開発などを手がけ、戦後、スバルの設計統括に。自動車の規格や標準化に尽力するなど、自動車産業界にも多大な貢献をした。

内野　南相馬の図書館って、一つのサインとしてミニカーが置いてありますよね。そこに行けば関連資料がある、とわかるじゃないですか。

市民のミニカー展示の実践は、ときにはサンダーバードコレクションになったり、飛行機のスケールモデルになったりしました。そういうコレクションに興味のある方が初めて図書館に来る。そして図書館を知る。そうして利用者を増やしていくことができる。

図書館の財産は所蔵資料だけじゃない。市民のお宝も図書館利用を促す大きなアイテムになることを学びました。

今はやってないようですけど、私が館長を務めていたときにはそれを毎月続けていたので、講演でもこの話をよくするんですが、私の講演を聞いて、うちでもやったという話はなかなか聞こえてきません。恐らくどこかで公務員的な、大切なコレクションに何かあったらどうしようという心配があるのでしょうか。

石川　本だけに頼りすぎていたというところですが、公民館や生涯学習センターとかは、市民の方と物的なイベントなどをやってるイメージなんですけど、図書館でやろうとすると、いや、図書館は本でしょうという固定観念が先行するのでしょうか。

内野　もちろん、本から外れないですよ。コレクションの周囲は関連資料を並べます。図書館の本に市民がたどり着くまでに、ミニカーがあったり、おもちゃがあったり、羽子板があったり、それはやってもいい方法なんだろうと。

塩尻の「本の寺子屋」誕生秘話

石川　塩尻と言えば、どうしても聞きたくなるのは内野さんが新規事業として企画・予算化された「本の寺子屋」ですが、塩尻市立図書館の代名詞のように内野さんが退職されてからも展開されていますね。

内野　はい、この事業は河出書房新社で編集者をされていた長田洋一さんとの出会いなくしては語れません。そして、長田さんと私の出会いをインスパイアさせたのが、鳥取県米子市の今井書店グループが1995年に設立した「本の学校」です。この本の学校の実践に二人が強い関心を持っていたということです。二人の会話の中に、本の学校が行った大山緑陰シンポジウムの白い表紙の冊子が出てきたときは、本当に小躍りしてしまいました。この冊子を知っている人にやっと会えたと。この冊子は修士論文の研究で何度も目を通したもので、その経験がこうしてつながったのだと。

正直言って長田さんからの提案は信じがたい気宇壮大なものでした。私が本の学校の予備知識がなかったら、または大学院で出版流通と図書館との関係を研究していなかったら、長田さんの発する言葉に敏感に反応なんてできなかったと思いますよ。石橋を叩いて渡るようなタイプの公務員なら間違いなく怖気(おじけ)づいたと思います。

予算要求するにあたり相当困難なことが容易に想像できました。かつてどこの自治体でも取り組んだことのない出版文化を守り育てていこうとする事業をやろうって話ですからね。幸い市長も議会も予算を認めてくださり、私はこの舞台の実質的運営にはかかわらず退職しましたが、以後、スタッフが塩尻の図書館の代名詞のような事業に育ててくれたことは感謝しかありません。

あとは、図書館の館数がどんどん増えていく黎明期ですね。これから日本の公共図書館はどんどん良くなるというときに、出版界から図書館界にエールを送っていた一人が布川(ぬのかわ)角左衛門(かくざえもん)*なんです。この布川角左衛門が考えていた出版界と図書館界がきっちりといけば、すごくいい社会ができるんだと。なぜそうはならなかったのか。今、出版界から責められている図書館界ですけど、かつてはそうじゃなかった。そういうことも互いに検証しながら、昨今の問題点を議論したいですね。

あともう一つ、ジュンク堂書店の福嶋聡さんのお話。私は福嶋さんがお書きになっているものが好きでよく読みます。関西の恵文社一乗寺店を例に出して、結局、いい本屋さんというのは店員さんが地域に溶け込んでると。書店の原点というのは、やはり地域に対する愛情であり、姿勢ではないかということをいっているんですが、それは、そのまま図書館がもらっていいんじゃないかと。

図書館の人って、図書館に来てくださいとよく言うんですよ。でも、大切なことは図書館員がまず地域に出ていくことだと思います。地域の課題を把握するうえで、社会教育施設として当然のことなのですが、現実は残念ながらそうはなっていない。

話が長くなって恐縮ですが、実は私が地域に出ていくことで生まれたのが「本の寺子屋」

＊布川角左衛門＝（1901-1996）昭和-平成時代の編集者・実業者。新潟県出身。昭和3年岩波書店に入社。編集部長を経て退社。栗田出版販売社長に就任。36年出版倫理協議会議長。44年日本出版学会を創立、初代会長。栗田出版販売取締役会長、筑摩書房の管財人兼代表取締役を歴任。著作に『本の周辺』『出版の諸相』、編著に『日本出版百年史年表』など。

です。私は塩尻に赴任したばかりのころ、休日は松本市内の古書店歩きを日課のようにしていたんです。とにかく地域資料についてもっと詳しく知りたかった。塩尻の図書館にあるだけじゃない、もっとたくさんあるはずだと。そうこうしているうち、ある古本屋さんと昵懇な関係ができた。実は先にお話しした河出書房新社の長田さんが偶然にもその古本屋さんによく来ていた。古本屋の店主が「塩尻からもよく来る図書館の人がいるが、ご存じですか」と声をかけたら、長田さんは「知らない」と。でも、そんな人がいるのなら行ってみようかと塩尻を訪ねてくれたのが、初めてお会いするきっかけです。この話は私自身、「信州しおじり本の寺子屋」研究会が著した『「本の寺子屋」が地方を創る　塩尻市立図書館の挑戦』(東洋出版)で知ったんです。長田さんとの劇的な出会いはそういう伏線があったのです。

「本の寺子屋」の効果は、何といっても地域の人が自分のまちの図書館を自慢するようになったことかもしれません。しょっちゅう有名人が来るんだと。家のすぐ近くで著名な人の講演が毎月のように聞けるわけです。そうなってくると図書館の最大の営業マンは市民ですから、図書館に行ってみたらいいよとか、この前、図書館に行ったら、こうだったよとか、口コミで広がっていく。

この『「本の寺子屋」が地方を創る』を著した方が「スミセイベストブック」(2016年10月号)という冊子に書いています。文章をちょっと紹介すると「新しい図書館の活動は、必ずしも図書(資料)を必要としないというような一種のラディカリズムの趣旨を廃退していないだろうか」。

私はこの一文で指摘された事象がこのところ気になっていたんですよ。図書館が図書館らしくない手法、例えばお洒落なカフェがあるよとか喧伝して客集めをしてきているんじゃないかと。カフェは必要ないというのではなく、カフェに場所をとった分、大事な図書館的な資料を置く場所を削っていませんかと。そんな現実が実際にあるわけです。図書館を名乗る図書館らしくない図書館が。

また、こうも続けるんです。「公共図書館からその場だけを機能的に切り離して、蔵書という「知」とは無関係に人を集める。そうした活用ではなく、「知」そのものが地域活性化の一翼を担うんだ」と。それが塩尻がやっている「本の寺子屋」なんだと。だから図書館は基本的に「知」なんだと。そこを間違えてはいけないよという警鐘を促してくれているんですね。つい、コーヒーがあるとか、カレーがおいしいとか、そういう方向に走りがちだけど。それをこの著者は、「塩尻の長田洋一さんという方がつくった寺子屋のＤＮＡというものはしっかりと受け継がれているようである」と書いてくれているんです。

石川　「スミセイベストブック」とは、どんなものですか？

内野　「スミセイベストブック」は住友生命が月刊で出しているフリーペーパーの本の情報誌です。「信州しおじり 本の寺子屋」研究会幹事の知人が書いたことから送ってくれました。たまに図書館の報道なんかを見ていると、本以外の集客で賑わってる。それがいかにも今の図書館のトレンドみたいな取り上げ方をされてしまうと、ちょっと図書館の本線から外れちゃうんじゃないかなと危惧します。あくまで資料で勝負していくのが図書館だろうし、それが公民館とのきちんとしたすみ分けだと思うんですね。

ただ、待ってるだけでは駄目だということですね。本があるから来ればいいと、ただ待っていても、なかなか来てくれない。

私が塩尻に着任した当初、分館も含めいろんなイベントを定期的にやっていたのですが、イベントに合わせて資料の利用を促していなかったんです。イベントを単なる集客目的にするのではなく、資料の活用につなげないといけないよ、と諭しました。

石川　そうですね。催しをやることに疲弊すると、本末転倒になってしまいますね。

「ニューヨーク公共図書館　エクス・リブリス」という映画の中で、著者が新刊を紹介するトークイベントや、一冊の本について語る場面があって、それが日常的に行われていると紹介されています。海外では、出版社と図書館の関係が近いというのがあった気がしたんですけど「本の寺子屋」にいろいろな作家さんがいらして、市民が気軽にお話を聞けるなど、塩尻ではうまくやられていると。

内野　間違っちゃいけないのは、公務員の仕事というのは、自分が道筋をつけたとかいうことではない。基本的には裏方だと思っています。結局は市長や議会が認めてくれた、要は必要とする予算をつけてくれなければ絶対にできない。日ごろ、いろんなところで理事者や議員と接点を持っていないといけないってことを司書には学んでほしいです。

町田の本屋さんを任されたときに、新刊が入ってこないので、既刊本を自分でセレクトしながら並べて業績をつくっていったという伊藤さんのお話を聞いたとき、今、図書館ではまさしく新刊が買えないときじゃないですか、お金がないからと。

でも、だいぶ前に同じ状況があって、既刊本で店をつくったということは、さっきいったストックとフローで、図書館はストックをものすごく持っている。それは本当に幾らでも使えますからね。何度でもできるし。

伊藤　すごい財産ですよね。

内野　それを使わずにやろうとしてないですかと。ほとんどの図書館では閉架にどんな本が入っているか、市民にはわからないので。私も初めて役所の人間として図書館に異動になって、それまでは開架しか見てなかったから、図書館の蔵書ってこんなものかなと思っていたけど、閉架書庫を見たときに感動しました。図書館ってすごいと思いましたよ。

伊藤　３年前ですかね、夏に戦争のフェアを２カ月間やったんですけれども、閉架にすごい資料があって、メインに使ったのは全部、閉架にあった本です。

やっぱり市民は見たことがないわけです。昔の『アサヒグラフ』とか、ビジュアルのものもあまり見たことがない。それを全面展開して、開いて見せると、みんな釘づけですよ。文章だけではなく写真の力で。それらは８割方が閉架なんですよね。書店なんか、真似しようにも本がないですもん。だから、閉架をどれだけうまく活用するかですよね。

石川　もっと図書館の人が閉架にある本の中身を知って、蔵出しをするというか、定期的に市民に見せていかないと。

伊藤　そうですね。閉架に入れて満足しているところがあるんですね。そうじゃなくて、どう活用していくかという方向でストックを生かさなければ、それはストックとはいえないので。いろいろな図書館ではお宝はみんな閉架に置いていますよ。

内野　予算がなくても、閉架資料の活用をもうちょっと工夫すればね。特に歴史のある図書館はものすごい資料を持っていますから。

伊藤　すごいですよね。

内野　かつてはよかったというお嘆きもわからなくはないけれども、逆に、それを見せることで、結果的に市民がこんなものを持ってたんですかと。それが議員や市長に伝わっていって、図書館への見方も変わりますよね。

郷土資料としても一級品の漫画

伊藤　今年、岩手の釜石市でラグビーのワールドカップが開かれたんですけど、一関図書館で8月からラグビーのフェアを2カ月間やったんです。釜石ラグビーが黄金時代を築いたこともありますし、あと、一関出身の金野年明（こんのとしあき）君という人がエースキッカーとして大活躍してたんで。そういうこともあってワールドカップ前からフェアをやっていたんですが、最初は誰も来ないんですよ。全然、借りられてない、見られてない。ところが、日本チームが快進撃を続けるに従って、どんどん関心が増えていって。

僕はずっと昔の『ラグビーマガジン』とか、当時の新聞、スポーツ新聞の新日鉄釜石5連覇とか、みんな持ってるんですよ。ちょっと焼けちゃってますが。それを提供して。当時の新聞はみんな見ていました。

それこそ、試合が盛り上がっていくに従って、どんどん貸し出しが増えていって、企画してよかったと。最初の1カ月間は、どうなるんだろうというぐらい誰も来なかった。

石川　本当に図書館らしい展示でしたね。今出版されているラグビーの本だけを並べても、決してあのボリュームにはならなかったでしょうし。

内野　多分、どこのまちにもコレクターっていますよね。昔の雑誌を持ってるとか。例えば図書館が展示をやろうとしたときに、30年前の『山と溪谷』があったらいいのになと思うわけ。でもね、市民にいるんです、持っている人。

伊藤　雑誌を持ってるというのは、古本屋でも中途半端な書籍より、雑誌を揃えて持ってるほうが価値感がありますからね。

僕の知り合いが『芸術新潮』を創刊号から持ってる。あと『stereo』とかも。昭和20年ぐらいからずっと。何それ、宝物だよと。

変な話、僕は『ビッグコミック』と『漫画アクション』を創刊号からずっと持ってたんです。でも、あれはかさばるじゃないですか。本当に置く場所がなくなっちゃって、いろんなところを塞いでしまって、泣く泣く諦めて捨てたんです。あれを持ってたら宝物だったよなと思うのは、そこで連載してた人たちが最近、立て続けに亡くなってるので。モンキー・パンチとか。

僕の大学のときの社会学の教授が『少年マガジン』『少年サンデー』を創刊号からみんな持っていた。研究室は漫画だらけ（笑）。

内野　『ビッグコミック』は表紙だってすごいじゃないですか。あれがずらっと並んでいたら壮観ですよ。

石川　壁中に並べていた秋田県立近代美術館での企画展示は圧巻でしたね。

伊藤　60年代後半までは矢口高雄さんがいたんだもん。うらやましいよな。

です。

石川　そうですね。横手市では横手市増田まんが美術館＊をつくって、それこそ聖地というか、観光名所にしていますね。そこだけの集客ではなく、どう横手市全体に波及させるかが、市では課題といってますけど。そこにだけ来て終わりだと何にもならないので。ただ、矢口高雄さんという漫画家がコンテンツとしてすごい集客力を持っているのは間違いないです。

伊藤　僕は『岩手日報』にも書いたんですけれど（本書の第2部「いわての風」p.260参照）、彼の漫画は『釣りキチ三平』だけじゃなくて、大人向けのほうは特に郷土資料としても一級品だよと。昔の農具とかいろいろ、実際どういうふうに使っていたかということがちゃんと絵で描き記されてるわけですよ、あのきれいな絵で。だから僕は『おらが村』とか、全部好きで好きで。それが絶版になってる悔しさ。そうしたら最近、復刊されたんですけど、文庫なんですよ。何でこんな小さな本にするんだ。

石川　小さくて、びっくりしました。

伊藤　そうなんです。がっくりですよ。僕がコミックスで不朽の名作だと思うのは、はるき悦巳さんの『じゃりン子チエ』。これも復刊されたんですけど、やっぱり文庫なんですよ。これもがっかり。もっと大きな判で読みたいですよね。

石川　やっぱり採算が合わないんですかね。

伊藤　だと思いますね。

内野　昔の大判サイズの漫画の月刊誌や週刊誌のコマ割りがそのまま文庫になっちゃうと、もう見えないよね。

＊横手市増田まんが美術館＝1995年10月に秋田県横手市増田町に開館した日本初のまんが美術館。展示だけでなく、原画の散逸や劣化を防ぐための保存・収蔵に取り組む。2019年にリニューアルオープン。

伊藤　見えないです。潰れてますよ、みんな。

内野　そうでなくても昔の漫画はコマ割りが小さいので、あれをグシュッとやっちゃうと……。石ノ森章太郎さんみたいに一面全部が絵というシーンならいいけれども（笑）。

III

図書館長として心がけたこと

石川　今、伊藤さんの一日はどんなふうに始まるんですか。朝は早起きですか。

伊藤　そうですね。今日は5時起きでした（笑）。でも、それからまた本を読んで。これは癖になっていますので。今、読んでいるのは『潜入ルポ amazon 帝国』。僕はアマゾンが大嫌いで、これが日本的なものを全部ぶち壊してるなと。便利さの裏にどれだけ悲惨な労働が隠されているのかということを見ていると。２０１８年に「資本主義の病巣　君臨するアマゾン」というシリーズが『しんぶん赤旗』に連載されました。確か、11回ぐらいの連載だったかな。それはすごかったです。

石川　起きていきなり本を読み始めるんですか。

伊藤　ずっとやってれば何ということはないので。ルーチンワークですもん。

石川　それから食事して、出勤するのですか。

伊藤　そうですね。早番の場合はそのまま出ますけど、遅番の場合はまだ時間があるので、洗濯とか、いろいろなことをやって、また本を読む。ぎりぎりまで読んでから出ていくという。

石川　伊藤さんは自分の図書館に行くと、最初にどんなことをやるんですか。

伊藤　図書館に行くと、まず僕宛ての郵便物とかをチェックして、それから館内を回って、まず直すという作業。結構いろいろなところで、変なところに変な本が入っていたりするので。きちんと棚を揃えるというのも重要なんです。触っているだけである程度、本は覚えるし。大体のところを直して、あと、僕は結構、カウンター業務をやってますので、カウンターに入って。でも、僕は排架が好きなんです。というか、図書館は誰がどう借りたかは全部消されていくので、本を返すときぐらいしか、その本が借りられてたということがわからない。借りるときは自動貸出機がありますので、動きをつかめるのは返却のときだけ。それ以外、どう借りられてるのかはわからない。それで気になるものは回転数を見て、これは何回ぐらいだろうと。そうやって棚の本をチェックしていきますね。

あと、これはどうやっても動いてないというものがあって、調べると本当に0回とか1回とか。しかも1年2年じゃなくて、ここ5年ぐらい1回も借りられてないという文芸書などが時々出てくるんですよ。そうすると、これは外したほうがいいよと。

借りられていなくても、資料的な価値としてそこで見るためのもの、そういうものは別に考えてますけど。そういうところを考えながら直していく作業が好きなんです。点検というか、触ってるのが好きなんですよ、本を。

石川　スタッフとの打合せは毎日ですか。

伊藤　やってますね。あとは伝達事項。図書館自体がけっこう長時間やってますから、早番・遅番制になっているので。早番は8時半からスタートして、掃除から始まって。遅番は11時半以降に出勤してくるので、そこでの伝達事項とか、いろいろありますね。総勢22人か21人いるんですか。

石川　内野さんも大体そのような感じでしたか、現職のときは。

内野　私は市の職員でもあるので、本庁との連絡調整という仕事が日常的に入ってきちゃうけれど、朝8時半の朝会には必ず短い挨拶をして一日が始まりました。私も伊藤さんと同じくフロアワークが大好き。棚の乱れを直すのを兼ねて、努めて館内を歩き回るようにしていました。来館者と言葉を交わすのがなによりも楽しみでした。

ところが本庁から異動してきた事務職員のなかには、いろいろ質問されるのが嫌で事務室にこもりがちな職員もいましたね。私が答えられるものもあれば、もちろん答えられないものもある。スタッフのほうが自分よりも早く答えられると思えば、すぐそちらに誘導して、その辺はこちらのスタッフが詳しいですと。

嫌なのはやっぱり本庁の会議ですよ。結構長いしね（笑）。塩尻だけなのかどうかはわからないですけれども、半日ぐらい、場合によっては一日座って、一言もしゃべらない会議なんてありますから。あれはちょっとしんどいですね。まだしゃべってたほうが楽ですよ（笑）。

石川　カウンターから外に出て本を返却したり整理したりしていると、利用者に声をかけられますね。あの人に聞けばというのをすぐに見ている。カウンターだと、ちょっとハードルが高いんだなということを実感しますね。だから、最初にまずフロアに出なさいというのは司書講習のときに何度も言われました。

伊藤　僕は、レファレンス報告はほとんどゼロなんです。いろいろなことを聞かれるんですけど、即答していますから。だから書くほどのものじゃないという感じで、ほとんどゼロ。即答しています。

石川　いろいろな積み重ねがおありだからできる。

伊藤　本当に変な質問をしてくる人がいっぱいいますよ（笑）。
内野　特定の職員を狙って来る人もいるしね。あの人にしか聞かないとか。
伊藤　重箱の隅をつつくような歴史の質問をしてくる人とか。時々すっと答えてやると、「おまえ、そんなことまで知ってるのか」「一応読んでます」と。
内野　ある市民の方にちょっときついことを言われたので、「少なくともあなたより私のほうが著作権に詳しい」と、毅然とした態度でいったことがあります。そうすると「そう思ってました」と返ってきました（笑）。
石川　やっぱり自分の知識を出したい方が話しかけてきて。
内野　基本的には話がしたいんですよ。だから、そんなに無碍にはできません。職員は結構忙しい仕事をしているので、それに比べれば管理職は余裕がある。なかなか理解していただけないような利用者さんの対応は管理職が進んですべきと思います。もちろん全ての責任は管理職にあるので、スタッフが利用者さんとちょっとトラブルを起こしちゃったときはここからは私が話を聞くから、ということで引きとって。
何回かありますね。家まで行っても上がらせてももらえず、玄関のたたきでずっと立ちっ放しで叱られたことが（笑）。それは好んで行きましたね、そんな仕事をスタッフにさせるわけにはいかない。
石川　その方はそれだけのことをすると収まるものですか。
内野　収まる方と、二度と行きませんから、で終わる方もいますね。
石川　内野さんのように、現場にこういう館長がいたら本当に嬉しい、ありがたい。そこまで面倒を見てくれるという人はなかなかいらっしゃらない。

内野 いえいえ、これは管理職の基本ですよ。だから私がなぜ本庁の会議が嫌かというと、会議が嫌なわけじゃなくて、刻々と何かが起きているであろう図書館のことを思うと、ただ座ってるだけの会議は勘弁してほしいと。どれだけスタッフが悩んでるか、どれだけ困っているか。出張なんかに行っても気になるから、お昼に電話して「何かあった？」と聞くと、必ず何かトラブルが起きている（笑）。

石川 そういうときに限って何かある。

内野 やっぱりあったか、みたいなね（笑）。でも直ぐに帰れないしね。役職にある人は会議の席にいるだけでいいんです、というのはわからなくもないですよ。知事や市長がいてくれれば、会議は丸く収まりますと。いるというだけで会議の質が上がるように。ただ、市長はそういう仕事だからしようがないにしても、実務を持っていて、現場を持っている部課長は、やっぱり現場に近いところにいるべきですよね。講師として呼ばれたからと全国行脚している立場じゃないです。

伊藤 あと、図書館員は女性が多い。しかも、ある程度若い女性が多いんですよ。そうすると、男性の利用者とのトラブルがよくある。男が出ると引っ込むんですが。電話もそうなんですけど、女性が出るとガンガン言って、わざと低い声で、代わりましたというと、トーンが急に落ちたりするんですね。そういう人たちが結構いるんですよ。

内野 企業と違って、入館できませんということはできないので。

伊藤 僕が書店にいたときは、民間ですから、もっとひどい人がいっぱいいたんですよ。

本当に腹が立ちます。完全にほかのお客さんの迷惑になっている行為なので、警察を呼びますし。もう司法に任せる。本当にひどい人がいっぱいいましたね。

女性客で、今でも腹が立つんですけど、隣で読んでる人間に、何か飲んでいるものをぶつけたりとか。雪がいっぱい付いたコートを入ってくるなり脱いで、商品の上に広げるんですよ、おばちゃんが。一瞬唖然となった、何をやってるんだ、この人と。パンを食べながら本を立ち読みしてボロボロ、パンくずこぼして、隠すために上に本を載っけたりして。本当にいっぱいいいますね。

だから宣言するんです。もう来なくていいです。出ていってくださいと。それでも出ていかない場合は、警察を呼びますと。

内野　大なり小なり事件は絶えずありますが。ただ、私がちょっと気になるのは、図書館ってすごく大変なんですよ。変な方が来て、という悩みをよく聞かされるんですが、変な話、本庁はもっとすごいですよ。図書館なんていいほうです。図書館に来られる方の大半はいい人でしょうと（笑）。

図書館というのは危険な箇所があまりないじゃないですか。自分は学校教育課長の経験があるんですが、中学校、小学校、幼稚園で起きる事件、事故の情報が入ってくるわけです。毎日のように、事故です、事件です、と。もちろん24時間。

私は鹿嶋と塩尻で14年、図書館にいましたけど、役所の人間として弁護士に相談したケースは1回もないし、何とかできた。でも、学校教育課のときには、1年で何回、弁護士事務所に行ったことか。事故や事件が複雑化になっちゃうと、法的なことはわからないし、手に負えないし、誰かにスパッと判断して切ってもらうしかないので。
だから、そこは図書館の方を勇気づけたいですね。繰り返しになりますが、つらいかもしれないけど本庁はもっとつらいですよと（笑）。

「図書館と出版」の問題を考える

内野　先ほど触れた『２０１５年「図書館と出版」を考える――新たな協働に向けて』を、一般社団法人日本書籍出版協会の図書館委員会が２０１６年に出してるんですよ。この冊子は全国の図書館に送られています。確か５００円で販売もされていましたが、部数が少なかったのかあっという間に入手できなくなっちゃいまして、私は知り合いの出版社の方からいただいたんです。

ただ、全国の図書館には無償配布されていて、しかも、図書館と出版がどうすればいいかということを繰り返し書いてるんです。こんな貴重な資料が図書館に送られてきていても、例えば長野県の登録館は22館しかないとか、岩手県だと10館とか、茨城だと23館とかね。せっかく送られてきているのに、市民に提供されていない。もしかしたら職員に回覧されることなく、職場のどこかにしまわれていたとしたらマズいでしょう。しかも、公共図書館資料購入費増額に向け、出版界も応援したいとの文書も添えられているんです。こうした日本書籍出版協会の行動を図書館だけで、いや図書館の事務室だけで閉じ込めてしまっているとしたら、新たな協働なんてできませんよ。

繰り返し言っている、出版と図書館の問題を解決できるのは行政だけじゃない。市民の理解を得なければできないですよ。市民自身が私たち被害者じゃないのかということを言っていかないと。でも、これも講演なんかでよく言うんですけど、「この冊子を知っていますか?」と現物を見せると、わからないという図書館員が少なくないんですね。

だから、このような事案は一旦それを庁内の上部に上げて、行政の問題として考えてもらえないか、とやればいいのに、図書館で消しちゃうんですよ。ここで消しちゃうから、市長も教育長も資料費が少ないということがわからないんです。市長にはわからないですよ。分厚い予算書のどこに幾ら予算がついているかなんて。聞けばびっくりして、「本当にそんなに少ないの?」とか。よく聞く話です。

その上に持ち上げる仕事をするのは館長しかいない。館長がどんどん上に上げていけばいいんでしょうけど、それが得意じゃない、好きじゃない人もいますから、困ったものですね。資料費が減って困っているのは市民なんですよってことを不断に理事者クラスに訴える政治力がないと、扶助費が年々大幅に増えるなか、図書館の予算なんて減らされる一方ですよ。

石川　読みたい本がないんですけどという市民の声は、当然ありますね。一関市ほどの予算を持つ図書館でもリクエストはあるだろうし。

伊藤　リクエストという制度は、いいんだろうけど、あれによって棚がかなりゆがめられるという考えもありますね。どういうものをリクエストしてくるかというと、まず、版元が新聞の下に打った広告のものですね。それを市民が切り抜いたりして持ってくる。

一時はヘイト関連の本の広告がすごく載って、これが読みたいと。それを全部入れたら、うちの棚はヘイト本だらけになるんじゃないかと。だけど、司書さんの基本的な考え方としてはリクエストは受けると。

内野　そこは図書館によってまちまちですね。完璧に受けるところと制限を設けるところと。私は上がってくるリクエストに全て応える必要はないと思っています。図書館の方針に準拠し、特定のテーマ、著者などに偏らないようにすべきと。お断りの電話は私自身何度もやっていますし、時には面と向かって理解いただけるようお話してもいました。

伊藤　僕らのところは受ける方の比重が高いですね。例えば百田尚樹さんの『日本国紀』なんですけど、あれは僕ともう一人の司書さんと話をして、歴史書で入れるのは明らかに間違いだろうと。じゃあ、どうやってリクエストに応えようか。小説ならいいんじゃないかということで、9分類に入れました。913.6の〔ヒ〕です。歴史ではないよねと。

石川　でも、多くは2類の歴史に入っていますよね。

内野　確かに職員がその人の考えで取捨選択するのは、それはそれで危険だし、かといって、全部入れちゃうと……ましてや予算が少なくなっているなかで、何冊も申し込んでくる人がいるじゃないですか。その人たちが棚をつくっていっちゃうんだよね。

石川　著者寄贈なんかは本当にそうですね。きちんと選書をしないと大変偏った棚になる。

伊藤　そうなんです。だから、館長が代わって僕になった途端、僕の権限で、これは切った。どこかで手術しないと、どうにもならない。そういうものが棚にずらっとあった。寄贈なんです。

石川　あとは、健康系の本もありますね。こうすればがんが消える、といったような。

内野　公共サービスだから、という視点で利用者は待たせない、としている図書館もあるし、それが本当の公共サービスの在り方なのかと考えるところもあるけれど、何ら制限を設けないというのも果たしてどうなのだろうかと。

石川　お待たせしない。市民が求めるものは速やかにというところもあります。

内野　そのことで利用が伸びる。図書館の認知度が高まるのだとも。

石川　そうすると、そこに出版は見えてないということにもなるわけですよね。

内野　そうそう。貴重な本が買われていなかったり。これは事実、日本図書館協会の調査結果が証明している。著名な歴史ある文学関係などの受賞作が図書館に入ってないとか。

石川　でも、直木賞を受賞したものは20冊入っているとか、そういうことですよね。一概には言えないのですが。

伊藤　いろいろなジャンルからまんべんなく選書するのはいいんだけれど、このジャンルでは絶対にこれがほしいというものを選んで、あとは各担当が、そのなかでもっとほしいものを選んでいく。そうすると、やっぱり最初からはじく本があるわけです。

でも、そういうことを知らない担当者が入れていくわけですね。従来だと2割ぐらいまでは僕が選んでいたんです。ただ、残りの8割はほかのみんなが選んでいて、その中で自分の意にそぐわないもの、本当に個人の感想で悪いんだけど、うわっ、これを選んだのかというものがかなりあって、毎日のようにショックを受けるんです。

内野　それは削ることはせずに。

伊藤　僕はしません。その人がその考え方で選んだんだろうから、それはノーと言っては。

石川　ただ、実際に利用につながることももちろんありますよね。

伊藤　ありますね。そういうものを好む人たちが一定数はいるんで。

内野　ある規模以上になると——ある規模というのは、恐らくスタッフが20人ぐらいの図書館になると、一見、一枚岩のように、全員がしっかりとやっているように見えるけど、実はこのシリーズの児童書は絶対に開架にしたくないと。それで、買うのはここまでが限界です、みたいな。

伊藤　児童書ではちょっと……という本は、僕が大人のほうでもらうからという形で選んで入れたりしてますね。児童書担当が選書しないことはわかってるから、こっちで選ぶしかないと、ティーンズの方に入れちゃう。

石川　司書講習のときにそういった話題になって、質問した友人がいたんですけど、「あなたが今、言ったようなことは過去何十年脈々と議論されてきた。それを今、あなたが解決することはできない」と言われて、ああ、なるほどと。

内野　そのとおりだね。だから、ある方を崇拝する司書もいれば、その人の名前を聞いただけで「んっ⁉」という司書もいる。図書館には当然いろんな考えのスタッフがいますから、館長は大変なんです（笑）。

石川　そうですね。うちは市内の館ごとに何となく分かれていて、人気はあるけど、ちょっと微妙といったものを選書する時に、これはきっとあっちで買うから、うちはいいわと言っていたら、やっぱりそこでは選んでいるんですよね。

伊藤　すごいな。

石川　これだけたくさん出版されているなかで、何を選んで図書館の資料にしていくかということが、もちろん司書としての仕事だと思う反面、やっぱり出版されているものを市民に届けるというのも仕事であって、その間ですごく悩むというか。

内野　そうだね。あとは、例えば福島県白河市や茨城県笠間市とか、コミックを積極的に入れるというところと、コミックは特定の作家や作品に限定みたいなところでとまっている図書館もあって、これも昔から永遠のテーマ。もちろん、みんな違って、みんないいのであって、こうでなければならないということはないんですけど。私は先ほどもお話ししたようにリクエストは一定の制限を設けていましたが、そうじゃないところだと、購入資料の3割がリクエスト本ってところもあるようです。

伊藤　きついな、それ。

内野　その割合まで行っちゃっていいのかと。何人がリクエストしているのかと調べたら、延べ人数はそれなりでも、実質的には、え!? これだけしかいないの? みたいなね。それは行政としておかしくないかと。100件のリクエストがあっても、当然ですが100人からのリクエストじゃないんですよ。

その辺のことを本庁の同僚に言ったら、大半の職員から、それはないでしょうって返ってきますよ。

石川　そうですね。レファレンスに時間を割くことに対して言われたことがあります。その一人の問いにそこまでするのかと。それはやっぱり本庁からいらした方でしたけど、過度に見えたようでしたね。

内野　一概には言えませんが、例えば役所の窓口であったら、一人のお客様と若い職員が1時間も対応するということは珍しい。様子を見て、同僚や上司が代わりますよ。図書館の応対がいけないということではなく、他の職員が代わったらもっと早く解決する場合もあるわけで。1時間というのは見方を変えれば必ずしも丁寧・親切な応対というわけではないんだと。

社会教育費の中の図書館費

石川　さきほど、内野さんから資料費の話がありました。興味深かったのは、資料費が潤沢なのは自治体の財政が豊かだからだというものではないと。

内野　これは図書館だけの問題ではなく、地方自治体そのものが今、非常に財政が逼迫していて、一方、社会保障費というものがものすごい割合で増えてきているわけです。そうなってくると、当然ですが優先順位をどう考えていくかということになる。どこの部署だって予算がほしい、新規事業もやりたいが、既存の事業は続けていきたい。そうした中で、悲観的にもう駄目なんじゃないかという人がよくいます。

例えば日本全体の施設別の社会教育費、要するに、どんな施設にどれぐらいの予算が割り振られて、どんな割合になっているのか。そういうことでは結局、社会教育施設というと、やっぱり公民館とか博物館とか体育館、それから文化会館、図書館といったところが主なる施設なんですが、平成15年度と平成29年度を比較してみると、減り方的には図書館が一番減っていないんです。

もちろん減ってることには違いないんですけど。平成15年度と平成29年度では、平成15年度を100とすると、図書館は85・2%、確かに減ってます。でも、例えば青少年教育施設費は59・9%、文化会館費は57・4%、公民館費は71・6%ですから、社会教育施設の中では圧倒的な集客力を持っていると言われる図書館というのは予算的にも、ほかに比べれば恵まれているのかもしれません。

それから、教育予算の構成を考えなくっちゃいけない。教育費といえば、まず学校教育費がありますよね。それから社会教育費、そして総務費と言われる教育行政費、この三つが大きなものになるんですけれど、ちょっと年度を変えて、平成8年度と平成29年度の国レベルの比較をしてみると、学校教育費は、平成8年度を100にすると、89・9%だから児童・生徒数が減った分ぐらいですよね。結局、学校教育というのはサービスを落とせないんですよ。児童・生徒一人一人にちゃんとした教育をしていかなければならないので。

教育行政費はどうかというと92・5%。総務費も減らせないんです。そうすると社会教育はどうなるのかというと56・3%なんですよ。

教育委員会、要するに全体の教育費という予算の中で一番食われちゃってるのは――〝食われる〟という表現は適切ではないと思いますが、実は社会教育費なんですよ。これは現場の人はみんなわかってますよ。

そうは言っても、ただ静観しているだけではよくないので、今回、伊藤さんとこんな機会をつくってね。例えば予算を得るために何とかしなければならないとか、そういうことよりも、さっきから何度も出ているように、図書館サービスでストックを生かす方法をしっかりと考えていかれたほうがいいのではないかと思うんです。図書館員が新しいものにすぐに飛びつくのはいいんですけど、それらはお金がかかることが多い。現に持っている資源を、閉架資料の有効活用とかね、手をつけていない大切な資源に目を向けるべきだと思うんです。

現に伊藤さんは書店でもやってみた、図書館でもやってみた。効果はあったと。実際に体験されてるわけであって、私も塩尻で、伊藤さんほどではないにしても、やっぱり閉架書庫の本は動くということを体験していますから、そこから改めて図書館が攻勢に出てみるというか、そういうやり方にしていかないと。予算が減らされてやる気がないといった繰り返しになっちゃう。そうこうしていると、運営手法を変えますかのような話がトップから出てきたりする。

しかも、多くの首長や議員は、教育で関心があるのは社会教育じゃなく学校教育です。私は学校教育長も図書館長も両方経験しているので痛感しています。市議会で図書館に質問が出るのは学校教育の10分の1にも満たないですよ。

学校教育の場合、全国的な話題、例えばイジメの話題があったら必ず鹿嶋は大丈夫か、ということになる。

ところが図書館は他の市で新しいサービスを始めたところで話題にもならない。前にも言いましたように、お金がない塩尻でも首長が認めれば、予算はちゃんといただける。だから、そこに持っていく手法として、短絡的にカフェがあればいいという議論にせず、本というストックをもっと使おうよと。ということは、図書館員はもっと本を知ろうってことなんです。知らなかったら並べ方すらわからないですもんね。読んでいるから、この本を読んでもらいたいとか。

あとは、最近見に行った千葉県の佐倉市の志津図書館。そこで２０１９年、地元のときわ書房の店長さんとお話されて、図書館の園庭というのか敷地内に、出版社が18社と地元の高校がブースを設けて、図書館と地元の書店さんと出版社さんと高等学校という、非常に理想的なコラボ事業をやっていたんですよ。

聞くと、実行委員会主催ということで、図書館の直轄事業ではない。なおさらいいですよね。図書館が直轄でやっちゃうと協働という感覚がなくなってしまう。実行委員会が立ち上がって図書館は場を貸すかたちでやったと。

このコラボは私が現職時代にやりたくても出来なかった事業の一つ。私は伊藤さんより業界のことは詳しくないので、例えば出版社のブースを図書館に幾つか並べてやってみるというのは。

出版社、作家、読者、それらを結びつける図書館

伊藤　東京国際ブックフェア*とか、その方式だと思うんですけれども、千葉の書店員と出版社は意外と仲がいいのか、千葉の書店員が酒飲み書店員大賞ということで、連合して何か一緒にやろうということがあるんですよ。それにほとんどの出版社が参画している。単な

*東京国際ブックフェア＝日本最大の書籍展示イベント。日本書籍出版協会他5団体により開かれた「日本の本展」を全身とする。１９９２年の第5回から名称を「東京国際ブックフェア（ＴＩＢＦ）」とし、アジア・太平洋地域の出版界の架け橋となっていたが、２０１７年以降休止している。

る酒飲みで本の話をする会だったところから、いろいろな企画が生まれてきてるんですね。
出版社も、一つの書店に行くよりは、何十社も集まってくれているところに行ったほうがプレゼンのしがいもあるし、それはお互いにメリットがあるんですね。そうやって千葉県の書店員同士と出版社が今、結構固い結びつきになっている。

内野 千葉県というのはワンランク進んでるんですか。

伊藤 書店はちょっと進んでますね。書店の連合が進んでいます。

石川 大きな書店さんがあるとかではなくて。

伊藤 あそこは大きな書店がないんです。まちの普通の書店さんが組んで、それに対して出版社も応援しましょうという雰囲気ができてるところなんですよ。だから多分、出版社のほうもそういうブースをやらせてくれるなら、私たちも出ましょうと積極的になったんだと思います。

内野 ましてや、地元の文芸部のある高校も参加して。

伊藤 それがすばらしいですね。高校まで巻き込むというのが。一関図書館も数は少ないんですけど、文化講演会みたいなかたちで、作家さんとかを毎年一人か二人呼んでやっているんです。毎回、市民の参加はすごく多いんですよ。だから、関心はあるんだろうなと。ただ、やっぱり今、予算の関係もあって、なかなか頻繁にやれないんですけれど。今、出版社は大手もどこも本当に困っていまして。今はほとんどみんな初版で終わっていて、作家も困ってるんですよ。だから昔と違って、読者と触れ合うという機会を設けてもらえば、作家さんは、どんどん来るようになってるんです。この機運を逃す手はないとは思ってるんですね。
来たい作家さんは、特に一関あたりは新幹線一本で来られるので、昔と違ってそんなに遠い距離ではない。だから、やり方なんだろうなと思うんですね。
そういう危機感を持った出版社、作家、それらに関心のある読者、そこが結びつけばもっといいんでしょうけど、今はそこが乖離している状態なわけですね。それを結びつけるきっかけの一つとして、図書館があってもいいのかなという気がします。図書館とまちの書店が組んで。だから、塩尻でやっていることはうらやましいですよ。

内野　普段本屋に行っても、本は新書や文庫を除けばジャンル別に並んでるじゃないですか。図書館も同じですが。今、伊藤さんがおっしゃったように、例えばブックフェアとか図書館総合展*のブースのように、私は個人的には出版社別に本が並んでるとわくわくするんですよ。好きな出版社のところにあちこち行って、みたいな。そういうものは多くの市民がなかなか経験できないじゃないですか。それを図書館で経験させてあげられないだろうかと。しかも出版社に行ってもいいよという意向があるのなら、意外とすぐにできそう。
しかも、大手ではなく中小出版社ってところが市民には魅力的に映ると思います。「こんな本が出てるの?」というような本があって、わずかなブースで、全体的に見れば小さな本屋さんにも満たないような会場なのに、なぜか本をたくさん買ってる人がいるんですよね。その佐倉の取組みというのは、できそうなんじゃないかなという気がしてますけどね。ただ、今の伊藤さんのお話を聞くと、千葉というアドバンテージもあるということではありますが。

石川　そこに来た市民の人が出版社のことも、本のことも知る機会になるわけですよね。

＊図書館総合展＝図書館関連で最大のイベント。図書館に関わる諸団体がフォーラムを行ったり、ブースやポスターを出展する。主催は図書館総合展運営委員会。

ただ、それを東北でやることのハードルは関東圏と比べたら高いですね。だから例えば作家さんが一関まで来てくださるなら、ちょっと頑張って横手にも寄ってもらえないかなと思ったりして。単独で呼ぶのは、作家さんや出版社さんに大変なご足労をかけるからちょっと難しいけれど、横のつながりで出来ることはあるかもしれませんね。

出版社や作家さんがもっと市民の身近な存在になれるように、図書館で考えられることがきっと、もっとあるのだろうなと思います。そういえば、秋田県内でも、仙北市の角館では定期的に文化講演会として作家さんを呼ばれています。

伊藤　新潮社を創設した佐藤義亮（さとうよしすけ）＊の出身地ですものね。

石川　そういう土地柄もあると思いますが、一人一口幾らという年会費を集めて組織している後援会があって、毎年、文化人を呼んでの講演会を何十年と続けている。それを支えているのは図書館でも何でもなくて、本当に一市民のパトロンさんたちなんです。

作家の塩野米松（しおのよねまつ）＊さんがいらっしゃるので、なおさらずっと活発にやられてると思うんですけど。多分そういう地域はあちこちにあって、そこにもっと図書館がかかわっていったら、もっと膨らんだお話になるんだろうなと思いますね。

内野　伊藤さんがおっしゃるとおり、作家の先生方だって行きたがってるんですよと。それは大きなきっかけになりますよね。

ちょっと話は違うんですけど、私は地方に限定したようなテーマで本をつくっている全国の出版社の目録を個人的に取り寄せて、それをわくわくしながら見るのが好きなんです。例えば茨城にいると、少なくとも秋田の出版社の本は書店では絶対に見ることができないんで

＊佐藤義亮＝（１８７８-１９５１）新潮社の創立者。秋田県生まれ。１８９６年新声社を興し投稿雑誌『新声』を創刊するも破綻。１９０４年に新潮社を創立。文芸雑誌『新潮』を創刊。数多くの文芸書・雑誌を発行し、近代文学史および出版界に大きく貢献した。その功績により、故郷・角館に新潮社記念文学館が建てられた。

＊塩野米松＝（１９４７-）秋田県生まれ。芥川賞候補４回。聞き書きの名手として異才を放つ作家。２００３年、これまでの作家活動を讃え国際天文連合より小惑星１１９８７にＹＯＮＥＭＡＴＳＵの名が授与された。著書に『手業に学べ』『聞き書き にっぽんの漁師』『木のいのち木のこころ』など多数。

す。こういう地元に根差した本をつくっている秋田ならば無明舎(むみょうしゃ)出版*のような出版社。無明舎出版は秋田の本だけじゃなくて、山形の本もつくってるし、岩手の本もつくってるじゃないですか。地方で都市部には到底できないローカルならではの出版社と図書館との関係が築けるんじゃないかと。ここが出しているこの本がずらっと並ぶのを見るだけでもわくわくするな。

伊藤　本当におもしろい本を出してますね。秋田にはまだいっぱい出版社があるけど、無明舎は本当に有名なんですよね。

内野　茨城に住んでいても、この出版社の本のタイトルには惹かれますからね。でも、地元の書店でも、伊藤さんがいたさわや書店さんみたいに、郷土資料をしっかりと前面に出しているところは少ないのじゃありませんか。

伊藤　そうですね。うちだけですから、そういうことができていたのは。

内野　例えばクルマで走っていて、秋田県に入ったとします。たまたま本屋を見つけて、前から見たかった無明舎の本が並んでる棚を見たいといっても、それは難しいってことですよね。

伊藤　秋田にはないですね。

内野　そうすると、図書館でできないのかなと。もうちょっと図書館員が出版社や地元の書店組合にアプローチして、さきほどお話しした佐倉の志津図書館を会場に行われたイベントように20社近くを集めるものではなく、テント一つ建てればできちゃうわけで、しかも市民にこんなに素晴らしい郷土の本が出ていることを知ってもらえる。何かそういう図書館

*無明舎出版＝秋田市内の古本屋として創業。1976年に現社長の安倍甲がルポルタージュを自舎で出版、これを機に改組。東北の自然・歴史・民俗関連の書籍を発行している。

の地域でのあり方をアピールできないかと。

石川　ＰＲももちろんですし、それに加えて書店に売っていただいて応援したいじゃないですか。市民、来場者にたくさん買ってもらって、売上げを上げてほしいなと思うけど、そこで何となく、図書館が会場となって売る、売っているというのが……。

内野　行政の中に必ずいるんです。それはおかしいんじゃないかという人が。どこにでもいます。でも、やっているところも現にあるんですから。

伊藤　一関図書館でやったときには、販売するという条件をつけて交渉して、販売を認めると。だから、図書館内の講演会場を出たところにブースをつくって、そこで先生にサインしてもらったりして販売した。それが最初からの条件で、作家の先生を呼ぶというのはそういうことだよと。一番嬉しいのは、自分の著作が買われることだから。

石川　そうですよね。ただお話を聞いて、そこでさようならじゃないですよね。

内野　だから単純に出版社を儲けさせてあげたいという理由では役所的に通らないですよ。市民の方に、地元でこれだけすばらしい出版活動をやっている成果物があるんだということを見せる機会。全国的に展開してもいいぐらい、いっぱいあるしね、いろないい出版社がね。もし自分が現職ならば、そことやってみたいなと。最低でも図書館に置くとか、それだけでも。

知らないと思うんですよ。地元の人でも、どんな出版社からどんな本が出ているかわからないと思うので。確かに図書館に来れば、図書館には比較的入れてありますけれど、目立つ置き方をしていないし、１部しか所蔵していない本に禁帯出（きんたいしゅつ）*のシールを貼っていてはどう

＊禁帯出＝図書館などにおける資料の貸出区分の一つ。この指定がなされている資料は館内での閲覧のみが可能となり、館外への持ち出し（貸出し）は禁じられる。

したものかと。

書店と図書館の連携の可能性

伊藤　今、作家の先生は重版がかからなくて本当に困っています。僕はＳＮＳをやっていて、主にTwitterを使っているんですけれど、そこで読んだ本の感想を必ず述べるようにしています。けなすような作品はもともと読んでも載せませんから、すべて褒める方向で。そうすると、それを見た作家の人たち、なかでも浜口倫太郎（はまぐちりんたろう）＊さんという方がいるんですが、突然訪ねてきてくれて、「ＳＮＳで絶賛してるのを妻が読んで、どうしても会いたくなって来ました」と。わざわざ関西から来られたんですよ、一関まで。

それでいろいろなお話をして、僕が今年のナンバーワン、一番いい本じゃないかなといったら、実は初版止まりで全然動いてないんですと。「講談社は何も手を打ってくれないの？」と聞いたら、「うーん」という感じで。３年ぐらいかかってやっと2刷が出ましたと。

すごくいい作品で、いろいろなところで紹介しています。統合によって母校を失う奈良の十津川村の小学校6年生３人の物語です。来年には閉校が決まっている、その最後の1年間の子どもたちと教師の触れ合いを描いていて、僕はぼろぼろ泣きながら読んで、こんなにすてきな本はないよ、みたいなことを何度もＳＮＳに書いてるんだけど。

それが作家の先生のところに届いて、早速、遠路飛んできてくれて、いろいろなお話を伺って、いやあ苦しいよねと。こんなにいい本を書いても売れてないんだと、ショックでし

＊浜口倫太郎＝（１９７９－）は奈良県出身。20代は放送作家として多数の番組を担当。２０１０年『アゲイン』で小説家デビュー。同作でポプラ社小説大賞特別賞を受賞。２０１７年発表の『22年目の告白―私が殺人犯です！』、２０１９年の『ＡＩ崩壊』は映画化された。

たね。

内野　今の話に比べたらスケールが小さい卑近な話で申し訳ありませんが、例えば私の本が、思いもよらない書店に並んでいると聞いたら、県を越えても見に行きますもん（笑）。友人がフェイスブックに投稿してくれるわけですよ、内野さんの本が置いてあったよと。図書館関係の本なんて、地方の書店には絶対に並ばないと言っても過言じゃないですから。ちなみにその書店は千葉県佐倉市のときわ書房さんでした。

伊藤　すばらしい。

石川　やっぱりそういう小さな書店がその本にたどり着くというか、それを仕入れるところは、取次ではないですよね。

伊藤　取次を通ってないですね。最初は来てないですよね。

石川　そうすると、書店員がこれを仕入れようとか、そういうことをしないと並ばないと。

伊藤　まずその情報をどこかで知らないと駄目ですね。情報がないと仕入れようがない。だから、一人一人のアンテナの張り方が非常に重要なんですけれども、今まではもっと刷部数が多かったから、小さな書店でも少しは入ったんですよ。届いたものをただ並べればそれなりに売れて採算がとれたから、それ以上の努力をしてこなかったのが書店の歴史なんですよ。

　ところが、ここに来て一気に売れなくなって、さあ、困ったといっても今まで努力してきてないんですから、まず努力の仕方がわかってない。かえって、新しく初めて入ったような人のほうがいろいろな可能性を自分で見つけて。出版社と交渉するなんて、昔の書店員は考えたこともないんですよ。でも今はそんなことを言っていられない。作家にも直に当たってみる。ネットですぐに、ある程度結びつくようなことができますから、そういうところで今やっと違う動きが出てきています。

だから、旧来のやり方をしていた書店は、まちからばたばた消えていってるんですよ。それは届いたものをただ並べただけで、子どもも多かったから『小学○年生』とか、そういうものが一定部数、必ずはけていたわけです。ところが今や村の中には子どもが3人しかいないとか、そういう状態では売れるわけがないので。

まちの本屋も消えていってるんですけれども、そうした状況を打開するために動き始めてるのが今の若手ですね。おもしろい書店も結構出てきました。それをまとまってやっているのが千葉。それに影響を受けて神奈川も、神奈川書店員何とかといって集まり出しているようですね。

内野　それには図書館も絡むんですか。

伊藤　神奈川では絡んでないですね。静岡では絡んでいます。静岡は最初から図書館と書店の両方が絡んで、講演会を一緒に開きましょうとか、そういうこともやり始めました。

内野　図書館の何か新しいアピールポイントがあるんじゃないかなという気がしますね。

伊藤　もう一緒にやるしかないという感じで、いろいろなことを一緒にやり始めてますよね。だから静岡書店大賞*とかは、書店員だけでなく図書館で働く人も投票して、みんなで今年一番のお薦め本を決めましょうと。そういう取り組みもやっていますし、前よりもちょっと柔軟性が出てきていますね。

＊静岡書店大賞＝2012年静岡県内の新刊書店員、図書館に勤める職員らが投票権を持ち、毎年一回、県民読者にお薦めする本を選定するオープン文学賞。参加した書店で受賞作のフェアーを行うほか、図書館でもコーナーを設けて紹介する。垣根を越えた読書推進活動が主な目的。

内野　そういう意味では塩尻では市内の書店員さんと図書館員が一緒になって「ブックファンニュースレター（Book Fan Newsletter）」[*]というのをつくっています。お互いのお薦め本を載せる広報紙で、書店と図書館に置いてある。これは私が退職してから生まれた広報紙のため、なおさら嬉しいですね。

石川　塩尻の書店さんでは、何店舗が入られていますか。

内野　何店だろう。4〜5店かな。

石川　ブックファンニュースレター、すてきですね。

内野　もともとのコンセプトは、「図書館員の倫理綱領[*]」の出版文化の発展に寄与する、というところを図書館が具現化した一つの成果物って感じですね。本当に塩尻のスタッフは素晴らしいと思います。

石川　図書館員の倫理綱領をもう一度、みんなで振り返るということはすごく大事ですね。

内野　講演なんかで話すと、意外とこの倫理綱領をそんなものもありましたね程度の人が結構いるんですよ。

石川　出版文化の発展に寄与すると、ドンと書かれていることが。

内野　まちの書店が潰れようがどうなろうが私たちには関係ない、という人も斯界にはいますからね。逆に私は役所がいろいろな計画をつくるときに、例えば「市民の読書環境の充実を図ります」とか、大体こんな表現を使うんですよ。でも、市民の読書環境の充実を図ることは図書館だけでできるのだろうかっては思うんですよ。本屋は絶対に必要だよと。

ところが、そこがポコンと抜けているところが圧倒的に多くて、北海道の留萌（るもい）ブックセ

＊「ブックファンニュースレター（Book Fan Newsletter）」＝塩尻市の書店員と図書館員がおくる情報誌。

＊「図書館員の倫理綱領」＝1980（昭和55）年、日本図書館協会が採択した綱領。「図書館の自由に関する宣言」と対になるもので、図書館員が宣言で示された図書館の社会的責任を自覚し、自らの職責を遂行していくための自律的規範を明文化したもの。

ンター*でしたっけ。要するに本屋がなくなっちゃったので、俺たちで何とか本屋をもう一度復活しよう、と三省堂が絡んでやってるじゃないですか。だから、まちには本屋が必要であって、その本屋と図書館が何かしらのムーブメントを起こしていくことで、本の可能性というものをもっともっと広げていけると思っています。

石川　逆に、留萌のように、そういうちょっとしたムーブメントが、さっき静岡とか神奈川でもとおっしゃってましたが、まちだったり、もっと小さな単位のさまざまな地域で起こっていることはほかにもあると思うんですけど。

内野　例えば自宅を一部開放して文庫活動をやっている人がすごく増えてるし、あとはまちライブラリー*みたいな。そういう方々と図書館とが、どこかでつながっている必要があるんじゃないかなと思うのですが「始めたようですね。そんな話を耳にしたことはあります」といった淡々とした声も聞こえてこないでもない。

石川　カフェに本を置きましょうとかはもはや当たり前になって、さまざまな機会、図書館だけではない、書店だけではないところで、より身近に本がある場所をつくろうという機運が、今、増えてきている気がします。

伊藤　それと並行して、図書館も書店も全くないエリアもじわじわと増えていっている。本当に両極端になりつつあるんですよ。

石川　確かに。そこにもやろうと奮起する人がいて、影響していくんですかね。

内野　役所が先導しちゃうと大体長く続かないんですよ。役所が旗を掲げて、最初に補助金か何かお膳立てしてやってくださいというと、最後は市民は疲弊しちゃって役所にいい

*留萌ブックセンター＝2010年12月に北海道留萌市内で唯一の書店が閉店したことを契機に、翌年、市民グループ「三省堂書店を留萌に呼び隊」が結成され、留萌振興局や留萌市役所など関係機関との連携により誘致活動を展開。こうした熱意に応え、三省堂書店が2011年7月「留萌ブックセンター by 三省堂」を開店。

*まちライブラリー＝カフェやオフィス、個人宅から病院にお寺、アウトドアまで、さまざまな場所にある本棚に人が集い、メッセージ付きの本を通じて自分を表現し、人と交流する、みんなでつくる図書館のこと。提唱者は森記念財団 啓発普及部長で、大阪府立大学観光産業戦略研究所所長補佐の礒井純充氏。

ように使われて終わってしまったみたいな。

石川　3年で終わりとかね。

内野　逆に市民主導で生まれてきたものに対して、役所が無関心というか傍観しているのって、それはそれで市民はおもしろくない。私たちだって行政の一翼を担ってるんだと。例えば地域文庫活動だとすると、図書館員は顔を出したことがないよと。これはやっぱりよくないよね。図書館の者ですといって、出かけていくことが必要だと思うんですよ。もし仮に近くに文庫を開設した家があるとしたら、図書館でできることがあれば、みたいに。

伊藤　市議会では、学校教育に関して議員さんたちは結構活発な意見なり問題点なりを出されるんです。ところが図書館をつくるときにはそれなりに意見が出たものが、今はぱたっと、ほとんど出なくなったのね、図書館のことはね。

石川　やっぱり5年経つと。

伊藤　うん。でも、問題はそこにあるんじゃなくて、多分、図書カードすら持ってない議員さんがほとんどじゃないかというぐらい、議員さんが図書館を利用してない。

内野　それはどこのまちでも確かに言えるでしょうね。

伊藤　ただ、数人はものすごいヘビーユーザーです。こういうものがないかという問い合わせから何からね。だから図書館の利用の仕方がわかってる人はものすごいんですよ、議員さんの中でも。でも、顔を見たこともないと、多分、この議員さんは図書カードをつくってないなと。

内野　利用者カードを作ってから図書館員と親しくなるのか、親しくなったから利用者

石川　もったいないですよね。

内野　図書館への質問に、そんなに突っ込んだものはないと思うんですよ。不正疑惑を正すとかね（笑）。むしろ、こんなサービスもやっていますなんて宣伝する絶好のチャンスになる。

石川　そうですね。生き死にも関係しないですしね。

内野　ご意見やご提案をいただき、そして図書館としてはこうやりたいのでご支援を賜ればと。

伊藤　その応援はいただきました。議員さんから言われましたね。「もっと自信を持って、そういうふうにアピールしなさいよ」と。

石川　多分役所の人にもなかなか伝わってないように、議員さんにも届いていないということなんだろうなと思います。

地方のアドバンテージを活かす

内野　例えば国立国会図書館がやっている、図書館向けデジタル化資料送信サービス*があるじゃないですか。今、環境を整えつつ、かなり全国に広がってきてますけど。でも、市民の方に絶版資料が図書館で見られるのを知ってますかと聞いてみてください。みんな知りませんよ。

相当な予算をかけて始まったサービス。身近な最寄りの図書館からアクセスできること

＊図書館向けデジタル化資料送信サービス（図書館送信）＝国立国会図書館がデジタル化した資料のうち、絶版等の理由で入手が困難な資料を承認を受けた全国の公共図書館、大学図書館等の館内で利用できるサービス。

を知らないなんて、本当にもったいない。

石川　そうなんですよ。それはみんな国民の税金でつくってる。つまり、みんながお金を出してるんだよと。

伊藤　そうですね。この近辺では一関だけかな。

石川　岩手県では岩手県立と紫波町と一関市だけなんですよ。

伊藤　だから、みんな、結構遠方からわざわざ来ます。ここで見られるんだという形で。

石川　残念ながら横手市でも取り組んでいないのです。秋田県内では、秋田県立図書館まで行かないとサービスを使えないなんて、本当に悔しい。

内野　そうなんですよね。市民の目の前まで来ている情報を、図書館員がバトンを受けて、はい、どうぞと市民に渡せばいいだけなんですよね。ここができていないところがありますね。そういう意味では、商用データベースもなかなか使われていない図書館もあって、もったいないと思うんだけどね。

石川　そうですね。鳥取県がすごいなと思ったんですけど、鳥取県立図書館で入れて、各市町村図書館で見られるようにされてるんですね。県が契約して、市町村で使えるようにという手段をとっていらっしゃる。すべてのデータベースではないんですけど。

各市町村が商用データベースを契約するというのは、かなりの金額だし、難しいんだけど、県としては、そこはやり方が上手で、アクセス数はそんなにべらぼうじゃないでしょうと。じゃあ、各市町村で使ってもいいよねということで、グロス契約みたいなやり方をされている。交渉に交渉を重ねて通したそうですけれど。そうやって村の図書館でも見られる。だから、村民が商用データベースを使えるよと。そうした機会が居住地にかかわらずあるということは、本当にすばらしいなと思います。

内野　こう言うと失礼ですが、鳥取県は決して財政的に恵まれた県じゃありません。でも連綿と続く図書館職員の努力で、庁内でも大きな存在として認められ、他県に比して恵まれた予算も配分されている。為政者の理解もさることながら、スタッフの熱意に敬服します。

伊藤　あそこはやっぱり今井書店の存在が大きくて。今井さんは自分たちの書店グループだけじゃ駄目なんだ、図書館もきちんとしていなくちゃ駄目なんだと。最初からそういう考えですから。だから、図書館への思い入れがすごい人で、あの人たちが引っ張ったから。あのグループはすごい。

内野　今井書店には私も何回か行ってますけど、本当にわくわくしますよ。店内に入った瞬間から何、この高揚感と。無性に嬉しくてたまらなくなる。あれを近くで感じられる米子の方は幸せですよね。

伊藤　そうですよ、本当に。

石川　やっぱり選ばれた本が並ぶと、そういうことになるということですか。

内野　もちろん、しっかりとした本と言ってはちょっと語弊があるかもしれないけど、どこにでもあるようなものではなくて、ちゃんと選ばれてる。そして、児童書のコーナーがすごく広いんです。

伊藤　そうですね。そして、あそこの一つの特徴は文学なんですけれども、それもきちんとした文学の、日本で3店舗しか扱ってないという本がある。あそことどこだったかな。三省堂の本店かな。３カ所ぐらいしか扱ってない。

内野　名ばかりですが、一応、本の学校の会員です（笑）。

伊藤　時々、東京で出張講演とか、やりますもんね。

内野　そういう意味では、鳥取は県立図書館も頑張ってるし、市町村も皆さん頑張っていて、あとは先ほども少し触れた地方出版文化功労賞*を運営するブックインとっとりとか、本当に素晴らしい活動をしていますよね。元県立図書館長さんも関わっているってこともすごいですね。

伊藤　ローカルだからできることというのがあるのかな、もしかすると。昔はローカルだからと諦めるほうだったけれども、今はそうじゃなくて、ローカルだからこそできるものがあるんじゃないかという発想になりつつあるのかも。それだけ簡単にネットで結びついてるということもあるんだよね。

さわや書店時代に、東京にアンテナショップをつくらなきゃ駄目だみたいなことを取次から言われたんですよ。僕はそれを否定したんです。アンテナショップなんかつくって、どうするんだよ。別にこっちにいたって、今の時代、情報はすぐにとれるよ。そんな家賃の高いところにつくって何をするんだと、真っ向から否定したんですね。こっちにいながら情報が入る時代に、何を考えてるんだ、あなたたちはと。そういうけんかを思い出しました（笑）。

内野　書き手、例えば小説家であれば、かつてはみんな東京に住んでいましたが、今は全国に散らばってますものね。

＊地方出版文化功労賞＝地方出版社の本を対象に鳥取県内の読書家らが選ぶ賞で、ブックインとっとり実行委員会が運営。１９８７年に鳥取県で日本の出版文化展が開催されたことを機に制定された。

石川　逆に、東京にいた人がどんどん地方に移住したりとかするぐらいになっている。

内野　そういう意味では、地方のアドバンテージが出てきつつありますね。

石川　規模感なんでしょうね。発信したときに伝わるという。すごく大きい10万人20万人という都市では広がりが難しいけれども、ある程度、10万人を切るくらいが、ちょうどいい人数というか、そういうところが地方に点々とあるということなのかなと思うんですけどね。

伊藤　一関は12万人です。広域合併してますから。

石川　横手は10万人を切ってしまって、９万人ちょっとです。うちも広域合併ではあるんですけど。

内野　塩尻は６万７０００人。鹿嶋も同じです。ただ、鹿嶋はすぐ隣に人口10万人弱の神栖市というところがあって、本当は合併する計画だったんです。そもそも30万都市構想というところから始まった鹿島臨海工業地帯。お互いがお金を持っちゃって、またいろいろな問題があって都市構想が完成をみなかった（笑）。

石川　そうですね。逆に地方はみんなお金がないから、合併しないとやっていけないとなって、ちまちまとくっついてみたり。

内野　先ほど伊藤さんがおっしゃった地方のアドバンテージですが、私は以前からちょっと注目していまして、兵庫県の城崎温泉、城崎といえば志賀直哉ですよね。２０１３年だったと思いますが、志賀直哉が城崎に来てちょうど１００年経ったということで、次の１００年に新しい温泉地文学をこの地から生み出したいと。そういうことで、役所は関係なく、温泉で働いている方々がグループをつくって、そこでしか買えない本というのをつくったんですね。

3点まで出ていて、ちょっと間があったものですから、この前、確認の電話をしたんですね。4点目はいつ出るんですかと聞いたら、今、やってますと。

そこに行かないと買えない本をつくるというのは、逆に東京ではできないですよ。東京は簡単に行けるじゃないですか。ところが、地方はなかなか行けないんですね。そこに行かないと入手できないよというのは、意地悪なぐらいのやり方なんだけど、これはすごいことで。

万城目学とか湊かなえとか、超売れっ子で図書館利用者も大好きという作家さんたちの作品を、表紙をタオルにしたり、装丁をいろいろと工夫して。

これはちょっと流行るかなと思ったんですけど、温泉がずらっとある東北でも、やってるところはないですよ。しかも、文豪が東北にはたくさんいるじゃないですか。やりようによっては、行政とか図書館が動いても全然おかしくないだろうと。しかも、伊藤さんがおっしゃってた、作家さんだってやりたがってるんだよというのがやっぱり大きいと思うんですね。

石川　ビッグネームですよ。確かに条件だけを見ると、きっと全国どこにでもと言わないまでも、ある程度はあるでしょうね。

内野　めちゃくちゃありますね。

石川　温泉地には作家さんがそこに逗留して書いたというエピソードがたくさんありま

すから。もちろん志賀直哉のことがあるからだと思うけど、本の価値を認めたというか、その辺りがすごくおもしろいなと思います。

内野　もちろん本がなかったら、ここで紹介する意味はないから。しかも城崎は恵まれているからいいよねというわけじゃない。ほかにも全国に似た状況のところはあるから。行政は流行りものに飛びつくのが好きな割には、城崎温泉の取り組みにはどこも飛びつかない。そんなに難しいことなんだろうかと。

石川　そうなんですよ。この話があって、私も城崎に行ってみたいなと思っているんですけど難しい。本当にわざわざ行かないと、という場所ですよね。

伊藤　そうですね。あそこはわざわざですね。

石川　ついでではなく、自分のところを目的に来てねということだと思うんですけど。

内野　今の時代、ついついネット販売とかにいきがちだけど、それはやらないというのが偉いと思いますね。だから、誰か行く人がいたら、買ってきてと。

石川　内野さんはどれかお持ちなのですか。

内野　ないです（笑）。

石川　身近に持っている人の話も聞いたことがないのですか。

内野　ない、ない。この話すら人から振られたことがありませんから。

借りられなくなった近代作家

伊藤　ちょっと話は変わりますけど、図書館で、僕は最初に近代作家とかを入れたんですよ。でも今はほとんど借りられない。志賀直哉なんか、全然動かないですよ。僕は若いとき、ほとんど全部読みましたから。それが志賀直哉にしても島崎藤村にしても、誰も借りやしない。辛うじて夏目漱石と太宰治は借りられるんですけど……。ほかにもすごい近代作家はいっぱいいるんだけどね。芥川龍之介も多少借りられるけれども、とにかく、いろいろな作家が読まれていないですね。がっくりですよ。

内野　図書館員も読まないものね。

石川　そうですね。もはや古典というか。夏目漱石とかを借りていかれるのは、うちのところでいうと受験生なんですよね。受験のときの面接で「最近、何を読みましたか」と聞かれて、「漱石の『こゝろ』です」とか言うために借りに来るみたいな。ですから、そういう世代の作家の100周年とか記念行事みたいなものに、なかなか人が入らないというのは、ちょっとわかる気もするんですけど。

伊藤　昔の作品は原稿用紙に書かれていました。だから、自筆が残ってるじゃないですか、自筆原稿が。僕なんかそれを見るだけでも感激するんですけど。例えば三島由紀夫なんかの原稿はむちゃくちゃきれいですよ。達筆で一つも間違いがない。赤字の訂正が一つもないですからね。あれを見るだけで、この人の頭は一体どうなってたんだろうというぐらい、そのくらいきれい。そういう楽しみも今はわからないんだろうな。何だろうね。

昔、『別冊太陽』とか、そういうところで作家の手紙とか、いろいろなものが出てたけど、必ず買いましたから。もう好きで好きで、はまってしまって。うまくなくても個性的な字、なるほどという字体は、詩人の室生犀星だったら室生犀星で、ああ、こういう字を書いていたのかとか、それだけでも親しみが湧くんです。そういう発想も若い人にはないのかな。まあ、自分が年老いたということは感じましたね。もうずれてるんだと。

内野　私も同じぐらいの年齢の図書館員と話してると、みんな同じことを言いますよ。図書館員も読まないから、それを市民に求められないよと。

伊藤　『城の崎にて』といえば志賀直哉、と来て、蜂が死んでるとか、そういうふうに連想するのが楽しかったんですけどね。

内野　受験勉強も悪いですよね。読まなくてもいいから覚えろというやつ。空欄を埋めよとか、志賀直哉の有名作品を一つ挙げよとか……。

IV

よい本屋の条件

石川　伊藤さんにとって、よい本屋の条件というのはあるのでしょうか。

伊藤　僕が考えるよい本屋の条件というのは、働いている人の男女のバランスがとれている店です。今はほとんどがアルバイト、パートの女性ばっかり。それが悪いと言っているわけではなくて、実は働く人間も男女のバランスがとれていて、年齢のバランスもある程度とれていたほうが、利用するお客さんの大部分が幅広く利用できますよね。

さわや書店がなぜ伸びたかという理由の一つとして、実は僕が入って、次々と男性を入れたんです。それで男女比のバランスがやっととれたんです。そうすると商品構成のバランスもよくなるんですね。その前までは男性が一人もいなかった女性の店だったんで。

内野　男女間のバランスでいうと図書館も、完全に女性が占めていますね。

伊藤　そうすると選書に微妙な偏りがあるわけです。だから図書館もなるべくバランスがほしいなと思っていますね。もう少し男性がほしい。ただ、今の雇用状況だと……。

内野　私は本屋って男性の店員さんが多いイメージがあるんですが。

伊藤　いやあ、ほとんどが女性です。8割以上、9割近くが女性です。ですから、本屋大賞*というのがありますよね。あれの投票者の実に9割以上が女性ですよ。しかもパート。そうするとそういう人たちが好む本が選ばれるのは当たり前なんですよ。しかもあそこの投票する人たちの読んでいる本というのは、多くが『本の雑誌』なんです。だから『本の雑誌』

＊本屋大賞＝書店員有志の本屋大賞運営委員会による文学賞の一つ。２００４年創設。新刊書店（オンライン書店も含む）で働く書店員の投票だけで決定する。毎年12月から4月までの一年間に発行された書籍から選定され、翌年4月上旬に発表。大賞のほかに「翻訳小説部門」「発掘部門」「ノンフィクション部門」が設けられている。

の読者イコール投票者なんです。

それが顕著になったのは、もうかなり昔なんですけれども。岩手県には高橋克彦という作家が長く頑張っているんですけれど、『火怨』という作品を出した。僕はこれは戦後の日本が生み出した最高傑作の一つだと思っているんですが、『本の雑誌』に高橋克彦の『火怨』の言葉は一つも出てこない。何年も出てこなくて。

だから僕は『本の雑誌』は途中で読むのをやめちゃった。それまでどういうふうに読んでいたかというと、『本の雑誌』が取り上げなかったという視点で、僕らが気づいた本を、さわや書店の柱にしてみようと。だからさわや書店のヒット作というのは、その逆を行くというか、『本の雑誌』が取り上げなかった作品。

ところが『本の雑誌』の本屋大賞というのは、最初からそこで紹介された本だけがノミネートされて上位に来るんだろうと思っていたので、僕らはもう参加しませんと。図書館でも本屋大賞を大きく扱っているのもどうかと常々思っているんだけど。

内野　私も個人的には、図書館は本屋大賞をちょっと騒ぎすぎだなという気がしています。

石川　やっぱり問合せは多いし、すぐに予約が入りますね。それだけメディアに出ているので。

伊藤　何せＮＨＫがやるからね。

石川　そうですね。中継を入れたりするぐらい。

伊藤　中継したり「おはよう日本」で必ず取り上げているしね。

石川　そうするとなおさら聞かれるので、私たちも当然、知識としては知っているし、実際、本の所蔵は調べますし。

内野　例えばいろんな雑誌で本屋特集なんかよくやると、どの雑誌もほとんど同じ本屋しか出てこないんですよ。それで今、伊藤さんに、そこに出てこない本屋さんで、いい本屋さんがあるんじゃないですかと。ところが、いい本屋はみんな潰れちゃったというから。図書館も同じなんですよ。雑誌の編集者は自ら図書館に足を運んで見ているのだろうか、情報の出所が同じなんじゃないかと思っちゃう。視点を変えて違う図書館を紹介してあげてよ、みたいな。そもそも、いい図書館の基準って何なのと言いたくなる。

伊藤　しかし、本当になくなりましたね。いい本屋というのは結局、そこで働いている従業員の顔が見える本屋なんですけどね。だから僕は大手の本屋といっても、誰が働いているのかわからないところは、あまりいい本屋だと思っていない。

僕らがやっていたことは、一人の力でもって完全に変わっちゃうんです。それが良いか悪いかは……特にオーナーは嫌がるんですけど。一人の力によってそうやって変わるのを、すごく嫌がる。その気持ちはわかります。誰がやっても同じ利益を出してくれる、これが理想なんだという言い方をされましたけどね。それだったら働いているのに悔しいでしょうと。自分の力で売上げを上げたいじゃないですか。

内野　それは公共だとなおさらシビアなんですね。私が異動したら駄目になるよ、そんな行政はあっちゃ駄目ですから。

ところが現実はそうではなくて、その人がいなくなったら、ガクッと落ちちゃったりするんですけど。公共サービスの質が維持できないというのは市の人事政策の失敗ですよ。

書店員にはわかりにくい図書館員の世界

内野　伊藤さんにお尋ねしたいと思ったのが、現職の、要するに今、現場で働いていらっしゃる、いろんな書店員さんがたくさん本を書いていらっしゃるわけですよね。公共に置き換えると、公共の場合は、小さな自治体になればなるほどあれはご法度に近いんですよ。いくら有名な館長とかいっても、現職中に本を書くというのは。法的に問題はないんですけれど、少なくとも役所の体質的には好まれないし、昇任などのマイナスになりかねない。だから、一番脂が乗っているときのあの図書館の館長さんとか職員さんの、そのときの声が聞きたいんだと言っても、研究論文以外は残念ながら残っていないんですよね。終わってから回顧録みたいに、私はこうやってきたみたいな。ほんとは同時代にそれが流れていくと、全国の図書館員はうちもやりたいとか、今これをやっていますとか、声を上げやすい。書店員さんというのは、あれは何ら問題ないんですか。むしろ会社的にありがたいという感じなのですか。

伊藤　いや、一応、僕が出したときは、論創社という会社の社長さんが心配したのは、おたくの社長さんはこれをどう思うかなと。ちょっとまずい表現というか、きつい表現もあるんで大丈夫ですかということで。そういう心配はされましたけれども、僕個人としては辞めた後ですから。辞めた後で、自分にとっては別に変なことを言っているつもりもないし、書いているつもりもないので。

ただ、今、僕の下のほうはみんな現役を続けながら書いているので、次から次へと。

石川　次から次へとおもしろいものを読ませていただいています。

伊藤　ただ、許してくれる土壌というのはありましたね。社長なんか、しっかりやっている分には個人でそういうことをやっても、本当に会社に迷惑をかけない限り別にいいよというか。その辺りの自由裁量はけっこう認められていましたので。何せ僕がやっていたんだから、弟子たちがみんなやっている。平気で書いちゃう。

その中で一人辞めて、今は取次に行っているのがいる。昨今の書店の減り方がたまらないというか、本を売るのは別に書店というかたちじゃなくても、何としてでも読者に本を届けるようなシステムをつくり上げたいんだということでお世話になっている。

内野　でも、ジュンク堂書店であれば田口久美子さんだとか、三省堂からHMV&BOOKS HIBIYA COTTAGEに移られたの新井見枝香さん。最近結構よく聞きますよね。もちろんさわや書店さんにも何人もいらっしゃる。田口幹人さんとか。

石川　松本大介さんとか。

内野　あの手の本というのは間違いなく図書館員はよく読みますね。学びが多いから図書館にも入れるし。出版業界の人が書かれた本、例えば取次だとかっては井狩春男さんですね。あの方はけっこう書いていましたよね。井狩さんがそのはしりでしょうかね。

伊藤　『返品のない月曜日』。

内野　あれを読んでいると、出版業界のことがわかりやすい言葉で入ってくるんですよ。一方、図書館はさっきも言いましたように、難しい言葉でしか外に出していない感じ。もうちょっとここを何とかならないかなとは常々思っています。

ところがやっぱり現実が難しいのは、もちろん何人もの図書館の関係者が書いた本はたくさん出ていますけど、現職中だと特に、自分がどうこうしたことでできたこと、なんて書けませんものね。理解ある首長、議会、同僚、そして市民あってのサクセスストーリー。どうしても役所的な感情を抑えた表現になってしまう。

石川　読み物として読んでおもしろいかと言われると、んん……となっちゃって。

内野　だから図書館員は、出版業界の人が書いた本を図書館に入れるし、自分も読んでみようと。それで本屋さんや出版社のことを少しわかったような気になれるんだけど、本屋さんに図書館員の日常がわかるかというと、ほとんどわかっていないと思います。リアルで書いていないんで。

伊藤　ないですね。僕も図書館に来たので、最初にいろいろと何冊か読みました。難しくて難しくて、こんなに難しいのかというぐらいに、何か難しいことを書いているんですね。頭の構造が違うのかなと思った。いやあ、難しい本当に。

石川　それはやっぱり図書館員が公務で仕事を担っているから、出せないというところに尽きるんですかね。私的感情を入れられないというか。

内野　役所によっていろいろあると思いますけど。本当に数少ないですからね。私だって本を出したのは役所を辞めてからですから。

石川　ツイッターとかで明らかに図書館員さんだなとわかる人がいて、つぶやいていることが結構おもしろかったり、的を射ていたりするので、見るんですけど。そういう形で発信されている方はいる。もちろんネガティブなことも書いていますけど。

内野　ただ、それもあまり書きすぎると、公務員として大丈夫か？　みたいにね。かなり危ないことも書いている人もいますからね。

石川　はい、いますね。

内野　あのバカ館長とか（笑）。それはまずいだろうと。そうなると、書店さんの世界というのはこちらに入ってきているのに、同じパートナーである肝心の図書館の世界のことが、伊藤さんにすら難しいと言われちゃうと。

伊藤　難しいですね。

内野　星野さんが言われたことが正しい数値かどうか（本書P.35参照）私はちょっと疑問ですけれども、でもあれはそう聞いたよということでしょうからね。圧倒的に書店員は図書館を嫌っていると。本当に図書館のことをわかっていないよね。本当にわかる術がないという。だからカウンターでいつもピッピッって本に貼付したバーコードにリーダーをあてている仕事でしょうみたいな。これって、役所の同僚でもそういう印象を持っている人は少なくない。

石川　バーコードのスキャンをやっているだけでしょうと言われちゃうんですね。

内野　まずはそこから変えないと、今までやってきたような調子で、お互い何とかしましょう、歩み寄りましょうといったところで、そもそもあなたたちの世界がわからないんだよですものね、出版業界の人たちにしてみたら。

伊藤　書店は本を扱っている小売ですから、やっぱり商売の世界なので、そこを外しては書けないことなんですね。そこを書くといろんな立場の違いが、違う小売の人にも伝わる。ああ、小売の世界ってこうだよね、というのが伝わっていくんだけれども、図書館は本を扱っているけど別に小売でもないし、やっぱり別世界ですよね。難しいな。あまり難しくて本当に途中で投げ出したくなりましたもんね。ああ、こんなこと考えてやっているのというか。

石川　それはギャップがあったということですか。今やっていることと、こんなことやっていないよねという。そうではなくて、書かれていることに対して？

伊藤　ここまで理論化して難しく考えなきゃやっていけない世界なのかなと。

内野　それは言えますね。

石川　決してそんなことはないんですけどね。

内野　理論化するのが好きな集団ではありますから。

伊藤　それはついていけない世界でしたね。

内野　例えば小学2年生の子どもと一緒に読みながら、図書館ってこんなところなんだぞという本はないですかみたいな。ないわけじゃないですよ。ないわけじゃないけど、何を手にしても難しいですよね。

伊藤　僕が最近読んだ本に『桃太郎は盗人なのか？』というのがありますが、これがとんでもなくおもしろくて、小学5年生が書いた本ですよ。図書館を利用した調べ学習のことが一冊の本になって。これには感激しちゃったな。この子は図書館をこういうふうに使って、こういうところまで導き出したんだというすごさ。これは理想じゃないかな。

石川　そうですね、あれはおもしろかったです。

伊藤　図書館員は感激して、あれはみんなで読まなきゃ、となりました。図書館を利用するというのはこういうことなのかと、小学5年生の女の子に教えてもらいましたね。それを支える司書さんたちの立場。こういう司書さんが助けてくれる。そういうのを子どもの目線でわかりやすく書いてくれている。図書館はこんなところまでフォローしてくれるんだよという。あれはいい本ですよ。

石川　我々は〇〇〇サービスやっていますみたいなことを言うより、よっぽど良いかもしれないですね。

内野　そうなんだよね。先にも一例として紹介した、もちろんこれは名古屋のものだけじゃなくて、全国平均で7割の市民は図書館を日常的に使っていないと。これはまだまだ可能性があるところで。でも、わかりやすく伝える術というのか、それがなかなか見つからないままで、そうなってくると、繰り返しになりますけど、やっぱり来てくれた市民一人一人、そこから伝播していく方法が一番わかりやすいんじゃないかという気がしています。

昨年、あるところのイベントに呼ばれて、図書館のサステナビリティについて話をしました。まず、主催者から言われたのが、なぜ塩尻の新しい図書館は開館して10年近く経つのに利用が落ちないのだ。その理由を話してほしいと。私は答えました。市民の力です、と。

一つは使うことで図書館を支えてくれた。なおかつ私は図書館を使っているんだということを誰かに話してくれるだけです。そして本当に定期的に毎月のように「本の寺子屋」で著名人がやってきて、あら今日も何かやっているのね、みたいなね。そうなってくると、本当にうまくいくんじゃないでしょうか、というようなことはお話をさせてもらったんですけれど。実際に私に声をかけてくれた元大学の先生は、こんなに市民の活発な利用を維持しているというのは、あまり例はないというんですね。

伊藤　聞いたことがないですね。

内野　これが今後も維持できるとすれば、予算が増え続ければ別でしょうが、それはあり得ない。いかにため込んだストックを上手に使うか。ベストセラーの複本購入を控え、他市との選書の差別化をしてきた塩尻は豊かなストックがありますよ。奇をてらうことなく、図書館の基本を地道に遂行する派手さのない図書館です。だから飽きられないと思うんです。いまだに言われますよ。辞めてから8年も経つんですよ。私がどうこうしたんじゃないのに「塩尻に行ってきました。内野さん、すごくすてきな職員さんでした」と。職員が褒められる。これ以上嬉しいことはない。施設は劣化する。でも、しっかりと選ばれた資料と研鑽を積んだ職員は、塩尻で言えば豊饒なワインになる。人事課とのヒアリングでも、職員はワインだと力説していた自分を思い出しました。

伊藤　それはすばらしいですね。

石川　人が替わっても、そのマインドがずっと受け継がれているということですね。それは最初にお話があったように、人を育てられたからですね。伊藤さんが、さわや書店で最初に人を育てようとしたこと、そして戦略として他店のことを徹底的に調べられたとおっしゃったように、内野さんも塩尻で近辺の図書館を調べ、ほかにはない資料を所蔵しようとされたんですよね。

内野　そうですね。図書館と書店の棚、古書店の棚を見て歩きました。

石川　そのオリジナルというか、そこにしかない塩尻市立図書館のオリジナリティ、さわや書店のオリジナリティと、そこで働く人々がすごく大事だということをお二人の共通点として感じます。そのマインドがいまだに続いているというところがすごいですよね。

内野　私が塩尻を辞めてから6年くらい経ったころ、塩尻のある幹部の方に聞かれたんです。たくさんの人が図書館や図書館の入っているえんぱーくに視察に来るんですよね。ものすごい数の人が今だに視察に来ていて、この視察ラッシュは、もうそんな長くは続かないよねと言うから、そうは続かないでしょうと答えました。施設的には10年経つと、それを目的に視察に来るという方はそんなに多くはない。

そのとき私が言ったのは、「非正規の職員が働いていて日本一幸せだという図書館にしたらどうですか。これは視察に来ますよ」と。「そうか」とその人がうなずいてくれて、「具体的には」と言うから、「給料を上げればいいじゃないですか」と（笑）。もちろん、正規職員を減らして、非正規職員を増やすことを良しとはしていませんよ。

塩尻は全国図書館大会にも非正規の職員を積極的に送るし、日本図書館協会のステップアップ研修へも送ります。正規・非正規分け隔てなく研修の機会を与えていますよ。これも職員を大切にしている証拠です。

石川　そういう切り口で非正規職員の待遇のことを声高に言ったら、確かにそんなことを言っている自治体はないですから話題になりますね。

内野　私はいっとき、ある事情があって、ＮＰＯを立ち上げて図書館を受託する組織をつくってくれませんか、と相談をもちかけられたことがあるんですよ。要はNPOで指定管理者として図書館をやってくれませんかと。ちょっとおもしろそうだなと思って、そのとき考えたのが日本で一番給料の安い館長を私が務め、逆にスタッフの給料は日本一にしようと。

石川　その話はどうなったんですか。

内野　もしかしたら受託できるんじゃないかと思っていた自治体があったのですが、その動きは立ち消えになっちゃった。

石川　直営になっているということですね。

内野　直営のままです。それならそれで問題ないなと。

石川　取り巻く環境はさまざまですね。さきほど、内野さんが布川角左衛門さんのことに触れられ、かつて出版界はマーケットとしての図書館界に大きな期待をしていたというお話をされていましたが、布川さんや当時の出版業界について、伊藤さんは何か思うところはありますか。

伊藤　僕は布川さんはわからないですけれども、１９６２年ぐらいの岩波書店というのはある程度わかります。というのは、この時代、岩波新書がものすごい大ヒットを飛ばしていた。それをつくった編集者たちというのは、岩波は決して高学歴の人を雇っていたわけじゃないんです。講談社もそうですけれども。講談社なんかでっち奉公から始まって、徒弟制度みたいなところで育っていってという社風になっていましたので。

昔の出版界はみんなそうなんですね。東大出たとか、そういう大学出というのはほとんどいない世界です。ただ、出版に対する思いはみんなすごくあって、岩波も昭和30年代というのは完全に基礎を築き上げたんですけれども、その中でエースと呼ばれる人たちが各地からいろんなものを掘り起こしたんです。掘り起こしてそれを新書にして世に出して、それが大ベストセラーになっていく。それが昭和30年代の岩波なんですね。そのときとは、まだ全国的には書店が整備されていないんです。

　例えば岩手県の場合ですと、一関市には北上書房という本屋がある。あとはまともに本を買えるとなると、県庁所在地の盛岡市まで行かないと……。そこでやっと東山堂さんという大書店があって、さわや書店というのがあって。ただ、きちんとした本を買うとなると東山堂さんしかなかったんです。

　でも、岩波書店が文庫だけじゃなくて新書でもヒットを飛ばしていって、一関市の書店でも岩波新書というのをきちっと扱えるまでになっていったんです。今の時代をつくった土台みたいなところが昭和30年代にあったんですね。これは書店もそうですし、出版というのは戦後にできたのがほとんどですから、戦前からある出版社なんてほんとに数少なくて、中央公論社とか講談社、新潮社というのは戦前からありますけれども、基本的には全部、戦後ですね。しかも、戦争に敗れて、戦争中の紙の本に対するものすごい飢えがあって、その中に平和への希求があって、そして、いろんな高い志を持った出版界というのがワーッと来たんですよね。

　取次も戦後にトーハン（東京出版販売）、日販が分裂して。その前は、戦前は軍部によってまとめられた1カ所になっていましたから、それが戦後、東日販（トーニッパン）（東販（トーハン）と日販（ニッパン））という形で分かれてというか。だから、戦後の新しい出版の夜明けから10年後ぐらいが一番グーンときたとき。一番忙しいときですよ。

販売のピークというのは80年代なんですけれども、はっきり言ってみんなが一番理想に燃えていた時代は昭和30年代だと僕は思うんですね。優秀な編集者があちこちにいました。河出書房に坂本一亀*さんもいましたし、中央公論社にもいたし、文藝春秋にも池島信平*さんとかがいたし、本当に錚錚たるメンバーが志高く、出版文化で二度と戦争なんか起こさせるか、そういう思いがあった時代。

じゃあ今の時代だとどうなのかというと、やっぱりバブルによって出版でお金儲けをするというか、僕の感覚で言うと、ちょっと視点がお金儲けのほうに寄っちゃっているんですね。だから、はっきり言えば売れるものなら何でもいいみたいなところがあって、それが今の年間8万点近くを出すという出版バブルになっちゃったんだと思うんです。いろんなところでゆがみが生じてきている。今、そのゆがみがぐっと集まってきているんだろう、ひずみが出ているんだろうとは思っているんです。

その中で図書館は、地方自治体が我も我もと、とにかくつくる方向にだけ行って、それをどう維持するかとかをきちんと考えずに、とりあえず予算をつけてつくっちゃえ、つくっちゃえとわっときてしまって。やっぱりそのひずみがいま急激に出ているかなという。

出版業界というのは、売上げ的にいえばどんどん過去に戻りつつあって、バブルの直前ぐらいまで戻ってきつつある。下手すると1970年代の頭ぐらいの販売額まで行くんじゃないかなと。その辺がコアの読者層が支えるところで、一番適正な数字は実はそこら辺じゃないかと。本当に本が好きという、そういう人たちの部分だけが最後は残るんだろうなとい

*坂本一亀＝（1921−2002）編集者。福岡県出身。満州から復員後の1952年河出書房に入社。文芸誌「文藝」の編集長を務めた他、立原正秋、辻邦生、丸谷才一らを世に送り出す。長男は音楽家の坂本龍一。歌手の坂本美雨は孫にあたる。

*池島信平＝（1909−1973）編集者。東京出身。1933年文藝春秋社に入社。雑誌「話」の編集を経て「現地報告」編集長。1946年、文藝春秋新社の創立に尽力し、1966年社長。著作に「編集者の発言」「雑誌記者」「歴史好き」など。

う気がするんですよ。図書館も、僕はちょっとバブルかなと。どんどんできたのはいいけれども。どうなんですかね。

石川　おそらく昭和30年代の出版に勢いがあったというときに、ある程度の地域の市町村の主だった公共図書館は、その頃には建っていて、それがちょうど40年から50年たった今、建て替えましょうと話が出ます。そこを建て替えて新しくしようとなったとき、目指すところが本だけではない、にぎわいというような、これまでの図書館にはなかった類の付加価値がくっついた状態で、建て替わっているなという感じを受けますね。

図書館で働く人は、横手市の図書館は館長を含めて全部で29人、これは6館合わせてですが、一関図書館は20人ぐらいでしたか。

伊藤　そうですね。本館だけですが。

内野　塩尻は本館で30数人で、３交代制でした。

石川　３シフトなんですか。

内野　そう。早番、中番、遅番と。午後8時まででしたから。

石川　そうですよね。一関も8時ですよね。

伊藤　同じく午後8時までです。で、２交代制です。

石川　開館は朝9時ですか。それとも10時ですか。

伊藤　開館は10時なんですけど。僕なんか8時半から準備をやっています。

石川　返却とか排架ですね。２シフト、３シフトでやると、やっぱり伝達は本当に大変でしょうね。でも、そこでちゃんと共有しておかないと、利用者の引き継ぎ的なもの、これを聞かれているとか、これは問い合わせ途中とか、これは後で取りにくるとかという細かいこと、朝、早番の人は遅番に言っておかなければいけないことが日常的にたくさんあることは想像できますね。

伊藤　さわや書店の話に戻りますと、営業時間はもっと長かったんですよ。朝の9時から夜の9時まで12時間。で、早番、遅番制。ここに問題があったんですね。雑誌担当というのも早番、遅番制のその中に入っちゃっているわけです。雑誌担当が11時ぐらいに来て何をやるのという感じでね。雑誌担当の仕事は大体開店前にやるものなので、それも遅番に入ってしまっていると、担当じゃない人間が入って適当にやっちゃっている。そういうことをやっているから駄目なんだということで、結局、僕は早番遅番制から外れて、朝から終わりまでずっといました。そういうトータルで見る人間がいないとわからないんですよ。

ところがやっぱりシフトの関係で、ぶっ通し働かせることなんてできませんのでね。でも、中間管理職は別に関係ないので。だから、中間管理の僕がやるしかないということで、朝から入って、全部雑誌を直しましたね。方法論を変えて。やっぱりそういう苦労というのはね。自分が早番遅番制になれば確かに楽ですよ。でも、それじゃ絶対売上げは上がらない。上げるためには自分がトータルで見るしかない、という感じですかね。だから、長くなれば長くなるほど、いろんな問題がどうしても出てきます。図書館もそうですけど。

内野　それはあります。

伊藤　人数が要りますし。

内野　ちょっと今、記憶があやふやですけど、私が塩尻に着任をしたときには、既に新しい図書館の基本設計が終わっていたので、一応必要な人数が出ていたんですけども。これでは私は足りないと主張し、たしか4〜5人ぐらい増員してもらいました。休暇をとるスタッフが多く出たときはどうするか、来客の対応が長引いたらどうするか、なにより考えなければならないのは不測の災害時に来館者を守れるだけのスタッフになっているかですよ。そういったケーススタディが十分にできていなかった。

石川　いざ、シフトを組んだら足りないよねとか。

内野　当番のスタッフが急に体調が悪くなったらどうするの、終わりになっちゃいますよみたいな。あまりにぎりぎりの要員では危ないと。休めなくなるということは、我慢を重ねた結果、重篤な症状になっちゃったりするし。だから図書館のお昼というのは、そばを頼んじゃ駄目だというんです。食べようとしたら既にのびていますから（笑）。

石川　カップラーメンは食べられない。お湯を入れた途端に呼ばれる（笑）。

内野　そういうのは実際、経験を積んでいないとわからないですからね。どこの自治体でもそうですが、図書館勤務の経験のない職員が施設や人員計画を練る。だから、どこか現場の感覚とずれているって話は、この世界に入ってからどれだけ聞かされたことか。

石川　役所ですと電気を消して一斉に12時からご飯を食べますよね。窓口の人一人ぐらいはいるかもしれないけれど。でも、図書館は決して12時にパチンパチンと電気を消すところではないから、ずっと開いている。そうするとお客さんなんかは逆に、「お昼休みなのにごめんね」と言いながら本を返しに来たりして。「交替でお昼休みを取るので大丈夫ですよ」と言ったりするんですけど。

その間もやっているということは、その間、人がいるよということだけれど、やっぱり役所の人からすると、わからないというか、休み時間を交替でとっているんだよということがあまり伝わらなかったりすることもありますね。

内野 お弁当を持ってきてしまった人は、不幸にして60分休んでいませんね。出ちゃえば休めますけど。

石川 席にいるとね。

書店の右肩上がりの方法論の終焉

伊藤 ちょっと話が変わりますけど、書店がいま苦しんでいるのは、やっぱり右肩上がりの方法論をいまだに信じてやっていることですね。今まで図書館ほどじゃないんですけれども、書店はどういうふうにしたほうがいいかと、いろんな理論を積み上げてきたところがあって、それを教えているところもあるんです。日販なんかも全国から募集して、大体がそのオーナーの子弟が通って経理的な面とかいろんなところから勉強していくという。

ただ、その根本になっているのが、右肩で上っている時代のことなんですね。今、逆回転しているので、こんなのは今まで理論的に誰も説いたことがない。そうすると、今、個別に一つずつ対処していくしか方法がないんですけれども、その方法論というのに確実なものはないので、その地域のそこのロケーションのその場所で、あなたたちはどう戦うのか。

そして、取次のほうも実は右肩上がりのときの方法論。その方法論はいま全部狂ってきていますから、そういう中で書店が戸惑って、だからいい書店ほど、今消えているというのは、かつての発想から脱却できなかったんですね。本当にいい品揃えをしていたと思うんだけれど、それだけだともう売り上げが上がらなくなってきていて、結局、それで追い詰められてみんな閉めていっているんです。

先ほど言ったように、岩波みたいな買い切りの本は絶対入れない、リスクを負わない。そうやって、本屋としてどうなのかなというところがかえって生き延びちゃっている現状があってね。

もっと時代をさかのぼれば、１９７０年代の初頭ぐらいの販売額まで落ち込むだろうと。そうすると書店の適正な数はもっと絞られるだろうと。書店の数は今は1万軒ちょっとくらいに激減しているんですけど、さらに3割ぐらいは落ちるんじゃないかと。本屋がないという自治体が恐らく4割近くまで行くんじゃないかという気がするんです。

そうすると図書館との関係性も完全に変わりますよ。もう図書館が知の拠点にならざるを得ない。両方がなければ、それこそ子どもたちの未来はどうするのということにもなる。だから、今の出版不況というか、不況どころじゃない。もう深層雪崩を起こしているので、そういう中での図書館の立ち位置というのも当然変わるんだろうと。図書館そのものが変わるのじゃなくて、書店に対しての関係も変わらざるを得ないんだろうと思います。

僕はいろいろな講演で言うんだけれども、図書館の役目というのは、これからますます大きくなりますよと。だから議員さんに言ったんです。図書館の予算は減らさないでねと。大きく増やすことはないとしても減らさないでください、ますます役目が大きくなりますからと。

ただ、図書館と書店は立場としては違うんだよ、本当はね。役割が違うので、両方あるのが一番健全なんだけれども、これから書店なんかもっと数が減るだろうと思っているので、そうすると本当に比重がますます図書館にかかるかなというふうな未来像しかないですね。その図書館も予算がどんどん削減されている。本当にどうするんだという感じですよね。

やっぱり出版社も適正な数まで落ち込むのかなと。4000以上あった出版社も、今、実際に稼働しているのは……要するに定期的に毎年1冊でも2冊でも本を出せている出版社というのは恐らく1000社もないいんじゃないかなと。

内野　例えば実際は前年に一冊も出していない出版社があったとしても、統計上は出版社として数えられますからね。

伊藤　ありますよね。ほんとにきつい時代ですよね。小さな出版社ほどなかなか本を絶版にしないで、大事に売ってくれているので、それが倒産してしまうともう手に入らなくなっちゃうんですよ。だからそこがちょっときついですね。

内野　確かに中小出版社は、残った本を断裁しないで持っていますからね。逆に大手は断裁していっちゃいますよね。

石川　課税対象の財産に見なされてしまうからですよね。

伊藤　そうなんです。資産だから税金がかかるので、どうしても断裁せざるを得ないんですね。

石川　なくすと、それは資産消滅みたいな感じに外されるんですか。

伊藤　外してくれる。それ専用の会社というのが埼玉とかにあるんですね。ものすごいですよ。あっという間に断裁して溶かし込んで、新たな、もっと下のザラ紙みたいなものに変えていくところがある。

石川　そこに絶版の本がいっぱい積まれていることになるんですね。

伊藤　絶版どころじゃない。新刊ですら行っちゃっていますね。直木賞の話をしますけれど、この本が直木賞を取るだろうという僕が予測したものは昔はみんな当たっていたんです。大体これだろうと。ある大手出版社の場合はスリップに4種類の色と、あと1種類は買切のピンクがあって、白というのはそこに日付が入るんですね。例えば今だと２０１９年12月だったら12月と。そうすると12月までは販売して構わないけど、それ以降だともう返品を受け付けませんという感じ。

グリーンスリップというのがあるんですけれども、グリーンの場合は、年がら年中いつでも注文していいし、返してもいいんです。ブルーもあって、ブルーは1年間だけ認めます。そういうろんな約束事が出版社ごとにあるんですよ。

ある本を読んで、これは直木賞を取るだろうと僕は思ったのですが、それは白だったんですね。白だとこれは最低で3カ月ぐらいしか店に置けないんだと。多分、白ということはそれだけ評価が低いということだから、刷り部数も少ないだろう。下手をすると返品が来たら全部断裁されるなと。危ういところなんですね。

何をやったかというとめったに使わない究極の手を使って、返品所に電話を入れて、全国の返品を集めてくれと。その中で結構きれいなやつを選んで自分のところに送ってくれないかという交渉をした。返品所手前で僕は全部それを救い出した。そうしたらそれが直木賞を取っちゃった。

直木賞を取るとその出版社はスリップの色をグリーンに変えて、大々的に宣伝してワーッと売るんです。僕はその前に返品所から救って、手持ちで3箱以上持っていたかな。発表が夜9時半で、さあ取るかな。取った。勝った。全国でこの本を持っているのはうちだけ。大手すら一冊もないはずだから。

石川 それは返品の期間を過ぎた後だったということですか。

伊藤 そうです。期間を過ぎていました。もう博打ですね。そういう博打は勝つんです（笑）。

石川 出版社としては、一冊一冊を、そのスリップで評価しているみたいなものですね。

伊藤 そうです。スリップの色でね。

石川 出版社のそういうお約束みたいなものは、書店にいると学べることなんですか。

伊藤 学べないです。自分で勉強して、何でだろう、というふうに。書いてある本なんかありません。僕は全部調べぬいて、それをまとめて自分の後輩たちには教えてきました。僕はそうやって理論的なものというのを自分だけで見つけてきたんです。これは何で戻ってきちゃうんだろう、返品したのに再度戻されちゃう。

内野 初めて知りました。

伊藤 白が戻されると、今度はピンクに変わってくるんですよ。ピンクというのは買い切りなんです。もう絶対返せない本として送られてきます。変わってくる。

石川　同じ本なのに。

伊藤　そうです。

内野　それは事前通告なくいきなりそう来るんですか。

伊藤　はい、来ます。

内野　ということは、スリップの色を見た瞬間に、あ、条件が変わったみたいな。

伊藤　そうです。一応通告というのは最初に日付が入っていますから。これまでは自由に売ってもいいけど、これを越してしまったら買い切りに変わるというか、それは判断していかないと。だから、管理はきちっとしておかないと駄目なんですね。その辺にただ入れたままで忘れていくと、もう返すこともできなくなっちゃう。それはショタレ*となって返品できなくなっちゃいます。

石川　出版社さんごとに違うんですね。

伊藤　違いますね。そういうのを設けていないところもあるし。

石川　それがマニュアルも何もないというのがすごいですね。

伊藤　何もないですよ本当に。もう個別に全部調べ上げていくしかない。ルールもみんなけっこう違っているんです。

出版社から取次へのルートのルールも違っている。やっぱり大手出版社は強いんですよ。だから大手出版社の取り分は高いんです。その分、どこにしわ寄せが来るかというと、書店に来ている場合があるんです。だけども今度、書店が強いと中間の取り分がなくなる。だから大型書店あたりだと前にも言ったように、例えば7掛けぐらいだとすると、一冊1000

＊ショタレ＝（「書垂れ」「ショタレ本」ともいう）返品期限が過ぎて、書店が取次に返品できなくなった書籍のこと。不良在庫。

円の本なら大型書店は３００円もうかっちゃう。僕らは２２０円しかもうからないということになる。この差額はすごくでかい。一冊でこうなので、それが何万冊にも重なるんですから、とんでもない金額の開きができているんです。だから大型書店は資金がどんどんできて、さらに出店できるんです。

石川　例えばミカンだったら、大型書店は5個入りだけど、さわや書店に行ったら４個入りだというんだったらわかるんですけど、同じ本じゃないですか。なのに取り分が違うというのは。

伊藤　みんな条件が違う。

内野　それは業界の中ではもちろん当たり前のことなんでしょうけれども、改善という言葉が正しいかどうかわかりませんけど、例えば熱意のあるところから見れば、改善できないのかみたいな、それはもう無理なんですか。

伊藤　何人も挑戦しているんですけど、壁が厚過ぎて全然。

石川　その仕組みの壁ということですか。

伊藤　仕組みの壁と、やっぱり大きな書店は特に資本で結びついているので、それを新参者の出版社が入っていこうとしたって、もう無理ですね。すごくきつい条件を示されますもんね。だから打開したい出版社は、小さくても営業がきちっと回って、これはこういう本ですと。それで説明をして注文をもらうんですよ。書店からの注文で例えば10冊くださいと。それを取次は無視できないので。注文は通していかざるを得ないんですよ。そこで営業活動というのが非常に重要になってきて、だから出版社と書店というのは頻繁に結びつくんです。

図書館にはそれがない。だから、図書館とはちょっと違うのかなと。

出版物の新たな流通ルートの模索

石川　いい内容の本をつくってということが前提でしょうけど、もう取次を通さないと決めて、全国の書店を歩いて直に本を置いて売ってもらう、といった出版社もありますね。そうすると2万冊置けたとして、それぞれ一冊売れればベストセラー。

内野　直だと本屋さんの取り分が3割ぐらいになるんでしょう。

伊藤　トランスビューという会社です。そこがシステム的にみんなをリードしています。

内野　トランスビューは、仲介もするし本もつくっていますよね。

石川　つくっていますね。ミシマ社もトランスビューも応援する人たちに出資されて。

伊藤　だってけっこういい本を出して支持を集めていますもん。

石川　だから一口乗ろうかなというふうに、見ていて思いますね。

内野　わかりすいシールも張ってあるじゃないですか。

石川　そうそうそう。かわいらしいやつが。あの方たちはおふたりとも、メディアで発信されているので、情報を得る機会も多くて、応援しようという気になりますね。

内野　あれはある意味戦略ですよね。どんどん出ていかないと。

石川　お二人とも出版社で勤務されていて、このままではいかんと、今の形で運営していますが、今後の新たな出版の方向というのは、ああいう方々の登場で多少変わっていくのでしょうか。

伊藤　従来の出版社、取次、書店というこのルートが、どうも詰まり始めていて、取次を飛ばしちゃえ、というような発想が生まれてきているんです。

内野　出版物販売額というのはあくまで取次を通っていったというのが一つあるでしょう。そうするとこれが少しでも取次を通らない形になってくると、ますますわからなくなってくるんですよね。出版界って幾らお金が動いて、本当にどうなっているのと。

伊藤　直接のアマゾンルートが今どんどん増えていますよね。これもわからなくなっています。

石川　アマゾンで買うということは、取次を通っていないということですか？

伊藤　直がだいぶ増えてきました。

石川　すごいデータを持っているということですよね。

伊藤　アマゾンは最大のデータ産業です。あらゆるデータを集めていますので。

内野　データといえば、残念ながら『出版ニュース』*が休刊となってしまって、あれだけしっかりとした記録集だった『出版年鑑』も終わってしまいました。あれに代わるものは、もうないですよね。

伊藤　ないですね。

内野　やっぱり清田義昭さんがそこまでやってきた大きな功績、実績であって、本来、統計は国がちゃんとやるところなのに、なぜ出版はと、私は大学のときから思ってたんですけど、何でこんな数字がわからないんだ、みたいね。

＊『出版ニュース』＝１９４９年創刊の出版総合誌。出版関係の統計調査や海外の出版業界動向などを旬刊として紹介。２０１９年３月休刊。

石川　そうすると今後統計というのはどうなるんですか。

伊藤　どこのものを使っているということを出して、この数値でこうです、と。ただ、さっき言ったように、7割ぐらいの部分を言っているのであって、実際本を買う人がいて、読者がいてとやっているような新・古書店の数字はわからない。でも、読者は確実に本を買っているんですよね。買って読んでいるんですよ。その本が普及しているんです。

石川　取次とかそういうところにはあるのかなと思ったんですけど、ないんですね。

伊藤　ないですね。だから、僕はさわや書店に入って一番驚いたのは、本当に出版流通のことを誰ひとり知らなかったことです。

それでもやっていたんです。本当に驚きました。それで緊急に30枚ぐらいの、とにかくみんなで読んでもらいたい基礎的なことを書いたものをつくって、最低限これくらいのことは知っておかないとまずいですよと。すぐつくりました。あまりにも知らないので、びっくりしましたね。

そのときにさっきの大手出版社のスリップの色とか、まだ誰も言っていませんでしたよ。だから、当時の部長とかは僕よりかなり年上の人で、もう何十年と働いている人たちでしたが、全然意味がわからないままにやっていたんですよ。だからショタレがいっぱい出ちゃっていたんですね。返品料だけで莫大な金額になります。

石川　今、経営を圧迫しているというのはそれも含めてですね。送料が高くなっているから。

伊藤　圧迫してますね、40%以上の返品率が。僕が店長のときは、返品が10%を切りましたからね。驚異的な数字を打ち立てた。

内野　ドイツ並みですね。

伊藤　本当にめちゃくちゃですね。取次がびっくりしていましたもん。「この数字、何。9だよ9」とか言って。だから、注文したものの90％以上は売っちゃったんです。残りの10切った分がやっと返品になるというぐらい。そういう店だったので、返品に費やす時間も少なくて済むわけです。あっという間に終わっちゃうんです。だから、売るほうにだけ、みんな集中した。いいほうに回るとそうなるんです。悪いほうになっちゃうと、下手したらずっと一日、返品している。それで、お金もかかるんです。そうなっちゃうんですね。

内野　意外と図書館で働いている人、特に正規の職員というよりは非正規の方に本屋に勤めたことのある経験者は結構いるんですよね。

伊藤　結構いますね。それから前にも言いましたけれども、一関図書館で採用された正規職員は、けっこう狭き門なので、そこを突破してくるのに大学からすんなりという子がいなくて、やっぱり途中で書店で働いたりとか、アルバイトしたりとか、そういう経験を積んだ子が入ってきているんですね。そうすると本を知っているんですよ。知っているし、書店の現場でアルバイトもやっているので、本の扱い方が見ただけでわかるんです。これは知ってるな、というか、最初から非常に安心して任せられる。箱詰め一つにしてもそうですから。本が傷まないように、きちんと箱詰めしていく能力があるんですよ。素人ほど立てたりしてね。それじゃ本が壊れちゃうじゃないかと思うんですけれど。

今入っている子たちは非常に優秀ですね。任せられるなというか。僕はもういなくてもいいや、と。それだけ狭き門から到達してきていますもんね。

石川　全国の正規で司書というのは、ずっとそうかもしれないですけど、皆さん狭き門を突破していらっしゃるので。

内野　そういえば、ここ数年、司書の公募が増えているという気がするんですけど。

石川　感覚的にそうですね。

内野　ですよね。しかも以前のようにすごく狭い年齢枠ではなくて、意外と高い年齢まで受験できますと。これはいい傾向だなとは思っています。もちろん内実はいろんな問題を抱えていると思いますけどね。

そういえば私がこの前、茨城県内のある図書館に行ったときのことですが。今、施設に多くの方が期待されるのが持ち込みの飲食スペースや、できれば食事が取れる場所じゃないですか。でも、施設が完成してからレストランを併設するのはきびしい。

そうしたら、その図書館にチラシが張ってあって、今日のキッチンカーは○○が来ますと。

伊藤清彦氏

うん？と思って図書館の方に尋ねたら、市内の幾つかの業者さんが手を挙げてくれて、図書館に日替わりでキッチンカーが来てくれるんですよと。だから、施設の改修をすることなく、食事を提供してくれるキッチンカーが来てくれることで、利用者も助かる。これはけっこう使えるアイデアだなと。

石川　初めて聞きましたね。

内野　どっちからアプローチをかけたのと聞いたら、図書館がダメ元で飲食業関係者に相談してみたと。利用の多い図書館ということもあって、飲食業者もいけるぞとなり……。図書館としては一切お金がかかっていない。

石川　駐車場にいるだけなんですよね。

内野　そうです。一般の駐車場に停めていればいいんですよ。

石川　すごくいいですね。ランチタイムの時間、ある程度限られた時間じゃないですか。それもまたいいですよね。このお話、私は初めて聞きましたけど。

内野　近くに飲食店がないところは、図書館員も楽ですよね。

本は読むだけじゃない、本が醸し出す空間も魅力

内野　先ほど、伊藤さんが憂慮されていたお話、もっともっと本屋さんがなくなるんじゃないか。これは恐らく否定できないと思う。もう一方の片割れの、要するに本の普及を担うといい、なおかつストック機能を持っている図書館が、じゃあ何をどうすればいいんだというのはもちろん考えていることだけれども、これといった答えを出せずにいると思うんです。

伊藤　自分たちが一つずつつくり上げていくしかないんですけど。書店の場合は、何度も言うけれども、どうしても右肩上がりの発想から抜け切れていないので。それは出版社もそうなんですけれどもね。今の時代、それじゃあもう駄目だということがやっとわかってきたと思う。とはいえ、いい思いをした人たちがいるからね。それとベストセラー神話という

か。それって違うんですけどね。

内野　これはちょっと突拍子もない話になっちゃうんですけど、いっとき大手が席巻したアメリカの書店業界も結局、大手も駄目になっちゃって、今、また中小の店舗が増えてきているじゃないですか。しかももう時代は電子書籍だよ、紙は終わりだなんて喧伝（けんでん）しながら、電子書籍の伸びもアメリカは止まっちゃった感じですよね。多分、ここからまた大幅に伸びることはないと思うし、むしろ紙に回帰しているところもあって。電子を否定はしませんけれど、ちょっとあまりにも電子に夢を抱き過ぎちゃっていて、全部電子で万々歳みたいな感じでね。

伊藤さんが前に言っていたかな。本って読むだけじゃないもんね。やっぱり触って、においをかいで、重さを確かめるという。この世界は情報じゃないんですよ。本なんですよね。だから本当に情報だけを求めている人と、本を求めているという人は違うと思います。

伊藤　子どもが小さな手で絵本を開いていくという、これも一つの本の経験で、この積み重ねがどれだけ子どもの成長にとって大切なことなのか。それは電子の画面でただ見るのとは全然違うと思うんですね。

内野安彦氏

内野　しかも、大人から見れば小さな絵本でも、子どもにしてみたら巨大ですからね。それを小さな手でめくっているわけで。

伊藤　それはありますね。反知性主義ももう終わるんだろうと思っているんですけどね。あまりにもバカにしすぎ。本を大事にする文化、知性というのは本当に尊敬できるもの。多分、日本だけが出版物というのが極端に落ちていますので。

内野 そうですね。欧米先進国は比較的堅調ですものね。

伊藤 ほとんど変わっていないというか、伸びているところもあるので。日本がガクンと来ているのはやっぱり違う理由があるんだろうなと。僕はもうトレンディドラマなんか見ていないんだけれども、本がまるっきり出てこないドラマばかりつくってやがったなというのが正直なところ。最初からああいうふうに仕向けているよね。

驚いたことなんですけど、『君の膵臓をたべたい』でしたか。住野よるさん原作の。あの映画はびっくりしました。だって、高校生の男の子の書斎と本棚。何この本棚っていうか、高校1年生の本棚じゃ絶対ないだろうというか、大学生のむちゃくちゃ本を読む人のレベルの本棚だった。入っている本とか冊数が、絶対高校1～2年生じゃあり得ない。あれは逆にびっくりしましたね。こんなに詰め込んで、今どきの高校生でこんなの世の中に一人もいねえぞと思って。

あまりにもすごい本が個人のうちの本棚にダーッと入っている。だって、1列2列じゃないんですよ。壁全部ですもん（笑）。

石川 最近はホテルに充実した本棚があったり、本に囲まれて滞在できるようなブックホテルがあったりとか。あとは公共施設にちょっと本があったりとか。幅允孝（はばよしたか）*さんが有名ですけど、いろんなところで本をプロデュースして、飲食店に置きますよとか、そういう形

＊幅 允孝＝（1976〜）ブックディレクター。愛知県生まれ。有限会社BACH（バッハ）代表。本と人との幸福な出合いをプロデュースする傍ら、自身も執筆活動を行っている。著書に『本なんて読まなくたっていいのだけれど、』。

のことがやられていますね。本が醸し出す世界というか。この空間はこういう本を置くことで統一された空間になっているということをわかりやすく示していると思うんです。そうすると単純に、本を読まない人が増えている、図書館や出版は斜陽産業かとか言われているけど、一部にそうやって本を愛でるじゃないですけど、そういう良さを求めている人もやっぱりいるんだなということもあって。そういったことを見聞きすると、本の可能性というものを感じますね。それが映画のワンシーンじゃないですけど、本がある空間がちょっとすてきというようなね。

内野　例の八戸の市長がやり始めたブックセンターですね。図書館があるまちに図書館ではない本を扱うところを、しかも通常の本屋さんには置かないような本を扱う公共の場をつくられて。私があれを歓迎しているところは、先ほども言いましたように、本が図書館だけの専売特許じゃなくて、市が責任を持ちたいという動きというのが、けっこう大切なんじゃないかという気がしているんですね。

石川靖子氏

今までどうしても、本はおまえら図書館の責任でやれよというのは、ある意味任された嬉しさはあるにしても、私はやっぱりどこか行政全体で責任を持ってほしかった。出版文化は行政全体で守るってことで。そうすることで図書館への関心も深まる。

市職員はだれだって、中心市街地の賑わいが気になるし、都市インフラの整備も気になる。そんな感じで出版文化や図書館を見てくれるようになれば、と思います。

さっき石川さんが言ったみたいに、本を愛でる。本と出会う空間がこれまでと違ったところから出てきて注目されて。今度は個人が文庫活動を始めて、相当間口が広がってきているんですよね。ただ、交通整理ができていない。

1本にしなきゃならないということではないと思うんですけど。もし仮に図書館が一つの大きな大河だとしたら、入ってくる支流がたくさん増えてきている。その支流に図書館員が関心を持たなければ、いつかその支流の水は枯れてしまうかもしれない。

石川 もっとそういう関心を示していかないといけないですよね。

内野 私はそう思っています。個人的な話で恐縮ですが、来年古本屋*をやろうと考えています。元図書館員の責任と言うと大仰ですが、地域に本を介したコミュニケーションの場を創りたいという思いがあって。

でも、伊藤さんにこの2日間いろいろお話をいただいて、私は本屋の経験はありませんけど、今、それに近くもないけど、とりあえず自分の蔵書を誰かのために見やすいように並べていくと楽しいですよね。図書館で経験したことがないような。だって好きな本だけ、全部自分の好きな本しかないんだもん。嫌いな本はみんな捨てちゃった。

石川 嫌いな本は置かないんですもんね。

内野 置かない。せどり*もしないしね。買い取りもやらない。こんなに楽しいと思わなかったですね。ミニカーを一緒に並べたりとか、峰不二子のフィギュアを置いてみたりとか

＊古本屋＝雀羅書房。2020年の春に茨城県鹿嶋市大船津にオープン。鹿島神宮の一の鳥居の近くにある。自宅の離れの一部を改装して開店した。

＊せどり（競取り、糶取り）＝、価値ある品を安価で手に入れて、価値を正しく評価した値段で販売して利益を得ること。転売。古本業界では「掘り出し物を第三者に販売して利ざやを稼ぐ」商行為を指す言葉。

ね（笑）。

石川　そのわくわくに共感する人は決して少なくないと思うんです。その世界観。同じその本を、ということだけでなくて、本を愛でることの楽しさというのは、みんなきっと持っているはずだと思うんですよね。

本を介して人と人を結ぶ

伊藤　さきほど話した自動車図書館で、これまで何を読んできたか書いてもらって、その人のためだけにこちらで選書をして渡す、あの企画の中で一人だけやられたと思ったことがありました。山岳物を読みたいという希望だったんで、まさか読んでないよなと思って、岡田昇（おかだのぼる）*という人のカムチャツカ半島の本、『カムチャツカ探検記―水と火と風の大地』を選んだら、奥様から返事が来て、「うちの旦那はそれを持ってます。大好きな人なんです」と言われたときには、「ええ、ここに岡田さんを知っている人がいるのか」と、驚きました。向こうもこっちがそれを出してきたということに、ああ、この副館長は知っているんだというのが伝わったかと。大事にしてきた一人だって。

内野　本がなかったら出会えないということですもんね。完全に縁組しているのは本ですね。本を介して人と「え？　あなたも」みたいな出会いがあるわけですからね。

伊藤　年が20幾つか離れていて、それで山の本ということだったから、じゃあ読んだことないだろうなと思って、亡くなっている岡田さんの本を出したのに、向こうに「大好き

＊岡田昇＝（１９５３－２００２）写真家。東京都生まれ。フリークライミングやスキーなどアウトドアを題材に撮影を続ける一方で、知床半島やロシアのカムチャッカに滞在、野生生物の姿を活写。２００２年、奥穂高岳を取材中に消息不明となる。

で読んでいる人なんです」と言われたときは、いや参ったな、これはと。
　また逆に、幼稚園の先生たち、ずっと幼稚園をやってきた人ばかりじゃないので、そういう人たちにちょっと薦めたいものというので、夜間保育園のことをミステリー仕立てにした本があるんですけど、それを出したらものすごく喜んでくれて、ああ、そうなんだと。
　夜間保育園は、ノンフィクションとして福岡のものとかけっこう出ているんですけど、内容もすごくおもしろくて。僕が選んだのは、新宿を舞台にした、夜のいろんな世界で働く日本人以外の人の子どもを預かる保育園が舞台。行政からこぼれ落ちている人たちなんです。どこからも援助がない。でも、この子供たちを助けなくちゃいけないという、そういう設定のミステリーなんですね。シリーズ物で全5冊出ているんですけれども。

石川　柴田よしき、ですね。

伊藤　知らないだろうと思って一番最初の『フォー・ディア・ライフ』かな、渡したらみんな喜んじゃって。こんな世界があったんだと。そうですよ。そういう反応があってうれしかったですね。

石川　本を介してという、内野さんが古書店でやりたいと思ってらっしゃることは、広義な意味で言うときっと図書館でできるし、もちろん書店でもできるだろうし。そうすると本を介して人と人を結ぶというところですね。

伊藤　そうですね。その人と店頭とか図書館の中で本のことを話したりすると、違う人が聞いているんですね。

石川　ああ、見かけますね。

伊藤　聞いていて、ここの人には本のことを話していいんだ。話しかけても大丈夫なんだと。そうやって僕にもワイワイ、いろんな人がいっぱい話かけてくる。

石川　そうすると、あの人には聞いていいのね、みたいな。

伊藤　聞いてもいいし、本を借りるだけじゃなくて、やっぱり自分が読んだ本の話をしたくてしようがない。それを聞いてあげられる人がいると、余計楽しいですね。この人、わかって聞いてくれているというのが伝わるんですね。

石川　そうですよね。それは決して余計なおしゃべりとかではなくて、利用者さんとのコミュニケーションの一つであり、読書案内をするという司書の仕事の一つでもありますよね。そういうことをコツコツやっていくことなんだろうなと思います。

今回は、〝本屋と図書館の間にあるもの〟をテーマに、いろいろな角度からお話いただきましたが、最後は〝本〟を通じて人と人を結ぶという話に落ちつきました。多くの方々が、これをきっかけに本屋と図書館の間にあるものを今後も考えてもらえる一助になればと思います。二日間にわたって、ありがとうございました。

（おわり）

第2部

いわての風

伊藤清彦

〜『岩手日報』新聞の連載から〜

2011（平成23）年〜2019（令和元）年

2011/06/05

〝までい〟に生きる――大震災で生活見直す

ここ2カ月の間『までいの力』＝SEEDS（シーズ）出版＝を繰り返し読んでいる。副題が「福島県飯舘村にみる一人一人が幸せになる力」とあり、1年間にわたって村内を取材し、飯舘村の在り方の理念〝までい〟を追求したルポルタージュの本である。

写真をふんだんに使って、自主自立の村づくりの歩みを紹介しているが、ガイドブックと大きく異なるのは、写っている村人の笑顔のまぶしさであり、一人一人の表情ににじみでる自信といったものだ。

〝スローライフ〟という言葉がささやかれ始めた頃、村の目指すべき目標として、その言葉を取り入れようとしたそうだが、ある村人の意見で、それは〝までい〟と同じ意味ではないかということに気付き、〝までい〟という方言に決まったとか。

〝までい〟という言葉は『真手（まて）』という古語が語源で、左右そろった手、両手の意味。それが転じて、手間ひま惜しまず丁寧に心をこめて、つつましく、という意味で、東北地方で使われている方言と説明されている。

3月11日の東日本大震災は、私の住む一関市にも甚大な被害をもたらした。そのことは、あえてこの場で触れるまでもないことなので割愛するが、人工の光が消えて、車もガソリン不足で走らなくなった夜。揺れが続く不安の中、しばしば夜気に当たりに外に出て、とりとめのないことを考えていた。

そして不思議なことに気付いた。夜がほんのりと明るかった。新月ではなかったせいかもしれないが、星空が美しく、そのわずかの光に照らされた風景が、目の前に浮かび上がっていた。人工の光がない方が夜が明るいという逆説。私の子ども時代（昭和30年代）は確かにそうだったなという記憶がよみがえった。

昼は昼で、歩く人、自転車を利用する人が増えて、これは喜ばしいことかもしれない、生活全般を見直す契機になるかもしれないとも考えた。油と電気に無自覚に依存してきた生活に対する警鐘と言えるだろうか。

かと言って、昔は良かったと言うつもりは毛頭ない。ただ、ちょっとだけ〝不便〟のほうに針を戻せば、生きやすい世の中になるのではと考えてしまうのだ。

〝便利〟というのは、それを十二分に享受できる人にとっては良いことなのだろうが、常にその〝便利〟を支える人たちが存在する。

年に2回、春と秋に一斉清掃の日があり、私の住む地域は、バイパス周辺の清掃が割り当てられている。今年も総出で行ったが、車から捨てられるごみの量が半端ではない。

年々ひどくなる一方だが、近くにコンビニができてからというもの、捨てられるごみの質も変化した。アルコール飲料の缶・瓶が驚くほど増えたのだ。ごみの総量は8袋ぐらいだが、その半分を占めると言っても過言ではない。便利になればなるほど、欲望は解放され、より刹那的になるようだ。

〝までい〟という言葉は、私自身、祖母にいつも言われて育てられた。〝までにやれ〟とか〝もっとまでに〟とか。丁寧に扱いなさい、大事にしなさいとの意味合いで教えられ、それが今も心の中に息づいていることを実感している。

また本県と関わりの深い医師であり作家の鎌田實氏は、著作の中で〝がんばらない〟という言葉の意味は〝がんばる〟という努力を放棄することではなく〝丁寧に生きる〟ということなのだと記している。

『までいの力』という本が誕生する寸前、東日本大震災とそれに続く原発事故に遭遇した。飯舘村自体、全村が避難地域に指定されている。それを踏まえての菅野村長の〝まえがき〟の言葉が心に染みてくる。手に取る機会があれば、ぜひ一読を。

通常ルートの取り扱いはしていない。アマゾンに申し込むか、ＳＥＥＤＳ出版（福島市下鳥渡字扇田30の3、電話０２４・５９７・６８００、ファクス０２４・５４６・１５８７）に直接注文を。

2011/10/02

小さな書店は「毛細血管」──地域に根ざし生きる

東日本大震災は、出版・書店業界にも大きな被害をもたらした。それでなくても斜陽産業と呼ばれるほど、年ごとに売り上げが激減し、各地の老舗書店や町の小さな書店が閉店に追い込まれる状況が続いているというのに。

また近年の傾向として、新しく出店する店は、より大型化し、コンピューターを導入することで人件費を抑え、パート・アルバイトの比率が高まった。なかんずく全国展開するナショナルチェーンは、生き残りをかけて本部機能と商品提案力をフル回転させて、地方都市まで続々と進出を果たしてきている。ナショナルチェーン同士の戦いの様相すら呈しているのが現状だ。

たしかに大きくきれいな店が増えたし、専門書の充実をうたう店もある。そして地元の書店ではなかなか手に入らないベストセラーやコミックスの新刊などが、うずたかく積み上げられている光景を目にする機会も増えた。それでも不思議なことに、総対的には売り上げ減少に歯止めがかからない。

理由は常にいくつも挙げられてきた。趣味・娯楽の多様化。とりわけゲームにお客を奪われたと理由づけする人。また、ネットの世界に流れたと主張する人もいる。可処分所得がどうなんだろう。

減ったことを第一の理由に挙げる人がいる（自分には当てはまるが）。でも本当のところは

以前、ある書店員の方から、小さな書店に未来はあるんだろうかと聞かれたことがある。その時はこう答えた。「ナショナルチェーンの書店を人体に例えれば、動脈であり静脈であると思う。地域に根ざした書店は毛細血管の役割を担っているはず。人体と同じように、動脈と静脈のような太い血管だけでは身体は動かない。毛細血管が生き生きと働かなければ健康体はあり得ない」――と。

この考え方は今も基本的に変わっていない。最前線の地域社会の場で、顔が見える関係性を機軸に商売を成り立たせるのが、地方の小売業の生きる道だと信じている。コミュニケーションの力が一番大切なのだと思う。

沿岸部の津波被害に遭った書店が、一店また一店と再開にこぎつけたというニュースが飛び込んでくるようになった。それを聞くたびにわがことのようにうれしく感ずる。書店のオーナーもだが、その店を利用してきたお客様のためにも良かったなと思う。斜陽産業とはいえ、まだまだ本や雑誌という活字の世界は魅力にあふれており、人を変革させる力を秘めていることは言をまたないだろう。

ところで極めて個人的なことなのだが、18歳で進学のため上京してからの四半世紀の間、テレビをほとんど見ないで過ごしてきた。ニュースは、新聞、週刊誌、月刊誌等のもっぱら

活字媒体で知り、なにより、さまざまな角度からの論評を考えながら読むという行為自体が貴重なものだったような気がしてならない。コマーシャルにさらされることがなかったことも、自分には大きく作用したように思う。

映像ならではの良さは当然あるのだけれど、茶の間にいてテレビを見ただけで分かったようなつもりになってしまう危険性は、指摘しておかなければならないだろう。世界はもっと複雑で混沌としている。簡単にはだまされない目を育てることが必要かと思う。

3月11日以降、週刊誌の震災特集、大手新聞社の写真集、次に地元新聞社の写真集、そしてルポライターの潜入取材による単行本の発売、被災された方々の声や書簡を集めた本等、震災関連の書籍類の発行は推移してきた。未曾有の災害に刺激を受けた形で少しは業界が活発になったようだが、半年を経過してこれからが正念場なのだと思う。この間に、人知れず消えていった出版社・書店は数多くあり、剣が峰に立っている会社は、それこそ無数にある。崩壊するか、再編することで生き延びるか、岐路は目の前にある。

『観光立県』は、中尊寺が世界遺産に選ばれたことで方法論としては正しいだろう。ここで、とっぴに思うかもしれないが、『読書立県』という言葉を提唱してみたい。未来を担う子どもたちのためにも、10年後、20年後を見据えて読書環境を整備できればと願う。

2012/02/05

『コミックいわて』の新鮮な魅力──絵の中に息づく感性

もう1年がたつが、昨年1月に出版された『コミックいわて』には衝撃を受けた。すぐに近くの書店で購入したが、その内容よりも、達増知事の企画で生まれたという点が画期的であり、衝撃の中心をなすものだった。

県庁にはプロジェクトチームが結成され、さまざまなアイデアが結集されて出来上がったそうだ。行政の長、自らがマンガを〝日の当たる場所〟に引き出した功績は大きい。

吉田戦車さんや、とりのなん子さんら10人のマンガ家さんが、それぞれの岩手を題材として描いているが、従来の岩手の紹介文やMAPにはない新鮮な魅力にあふれている。10人の感性が捉えた〝岩手〟は、しっかりと絵の中に息づいているのを感じた。

全国初の試みなのだそうだが、追随する自治体が現れないところをみると、革新的すぎるということなのだろうか。トップダウンだからできたとも言えそうである。間もなく「コミックいわて第2弾」が発売される。期待して待ちたい。

手塚治虫から始まった戦後のストーリーマンガは、多くの子どもたちに、夢や希望を与えたが、そのほとんどは雑誌掲載だけで消えていった。単行本にならなかった理由は多々あるとは思うが、商材としては時期尚早だったのかもしれない。

1970年代までの書店は、売り場面積も小さくマンガの単行本をきちんと扱って置く店は皆無に近かったし、出版物としては、一段低く思われていたように思う。

書店とマンガ単行本の幸せな出合いは、80年代に急速に広がった大型の郊外型店舗の出現を待ってのことである。書店が大きく様変わりしたのもこのころ。売り場の商品構成も変わり始めた。かつての書籍中心から、雑誌、文庫、生活実用書、マンガ単行本へとシフトチェンジしていった。

今、『限界集落株式会社』（黒野伸一著、小学館刊）が売れている。山間にある集落で、全戸数は40にも満たない過疎の村「止村（とどめむら）」が舞台だ。

祖父の地であるということで、休息に訪れた主人公・多岐川優が、ひょんなことから村の再生のために人生を賭けて働くという筋の小説である。

実話では『奇跡のむらの物語』（辻英之編著、農文協刊）がある。副題が「1000人の子どもが限界集落を救う！」。長野県下伊那郡泰阜村がその地であり、いまだ国道が通らず大型バスも入れない。コンビニも信号もない過疎山村だ。

その何もない村で〝教育〟を柱に据えたNPO団体が村人と共に25年かけて作り上げた理想郷が写真入りで描かれている。

「限界集落」の問題は、今までに村人が積み重ねてきた文化や歴史、生活様式が次世代に伝わらないということである。手間暇かけた創意工夫が忽然（こつぜん）と消え去ってしまうことでもある。

便利な世の中は、子どもからも大人からも〝手間〟を奪ってしまったが、過度に便利・効率を追求する社会は、人間性を奪ってしまう危険性をはらんでいる。

紹介した2作に共通するのは、都会と違った村の不便さに悪戦苦闘しながらも、何もないことの素晴らしさに気付き、村人の経験の豊かさを体験で知り、受け継ぐ喜びにあふれていることだ。手間暇をかけることが、実は、楽しいと知ったことだ。そう思うのである。

さて話をマンガに戻すが、書店がマンガをキチンと扱いだしたのは、そう古いことではない。名作が、人の目に触れずに消え去っていたのが実情だ。「釣りキチ三平」で有名な矢口高雄さんの大人向けの〝エッセーマンガ〟の数々を知る人はそう多くはない。

奥羽山脈の四季折々の自然、村人の暮らし、さまざまな生活道具の使い方、風習、方言。北東北の農村で日常見られていた風景が美しい線で描かれマンガに凝縮されている。今で言う「限界集落」の地が、最も輝いていた時代をノスタルジーを込めて描いている。

一級品の生活記録集だと思うのだが、再三再四、出版社に復刊をお願いするも、今に至ってもなしえていない。残念なことである。

2012/06/03

書店は「本を伝える場所」——熱い思い あってこそ

過日、テレビのクイズ番組で作家の百田尚樹さんを拝見した。百田さんの席の後ろには『永遠の０』という小説が１００万部を超えたという文字が映し出されていた。

テレビで百田さんを見ることは初めてであったし、人物紹介を兼ねて小説の売り上げ部数を映し出していたのは、妙に新鮮な思いがした。

早速、百田さんにツイッターで連絡を取ってみた。「ついに１００万部を超えたのですね？」

それに対して「太田出版の親本が5万部、講談社の文庫版が98万部で計１０３万部」と返答があった。

「文庫になればきっと１００万部はいきますよ」という僕の言葉を覚えていてくれ、そのとおりになったことをとても喜んでいた。

およそ30年間、書店で働いてきた。振り出しは東京のあるチェーン店で「掃除」や「返品作業」という裏方仕事から一つずつ仕事を覚えていった。

教わるというより、先輩方の仕事を見て覚える、失敗して怒られて覚える——ということの繰り返しだったように思う。ただ、書店で働く以前から本は大量に読みふけっていたので、本の知識はある程度は持ち合わせていた。

「書店」「問屋」「出版社」。これらのシステムが理解できるにつれ、徐々に書店で働くことの楽しみが見いだせるようになってきた。初めて担当部署を与えられたのは勤め始めて2年が経過したころで、文庫売り場だった。


その時から心がけたのは、「本」は読んで内容を理解して展開すべきということであり、売れているというベストセラー情報には惑わされないということであった。

本が好きな人間にとって、書店の最大の魅力は多くの出版社の新刊をいち早く見ることができるということに尽きる。しかし、売り場の有限性から取捨選択の判断を最初に下さなければならないのも書店員の大事な仕事である。

「本」の扱い方に『平等』はありえない。「優先順位」のつけ方、「取捨選択」等、感度を高めるためにも幅広く、より多くの本を読んでいなければならない。……そう思う。

そしてそれ以上に必要だと思うのは「思い入れ」である。いわゆる「惚(ほ)れこむ」だ。

文庫担当になって最初にしたことは、過去の販売記録をデータ化することであった。グラフ化して売り上げ傾向を分析し検証した。

どのジャンルが強くかつ弱いか？　客層と品ぞろえは合っているのか？

出版社の言いなりになっていないかどうか？　売上比率と棚構成比率が合っているかどうか？

それらが矯正できたとき初めて、バランスがとれた売り場になる。でもそれだけでは何かが足りないとはうすうす感じていた。その答えを見いだせたのは、盛岡のさわや書店にお世話になってしばらくたってからのことである。

書店が本を売る場所であることはあまりに自明すぎて誰も疑問には思わないだろう。しかし、いつからか「本を伝える場所」という意識が大きくなり出したのは、ＩＢＣラジオの「本の情報番組」に出させていただいてからだ。

そして前言に矛盾するようだが、立て続けにさわや書店発のベストセラーが世をにぎわし始めたのもそれと平行して起きた出来事である。

この本を、この作者を伝えたいという「熱い思い」を受け止めてくれたのが、盛岡の人であり岩手の人であることに感謝したく思う。他の地域では不可能だったかもしれない。

書店員時代の最後にもっとも「熱く」伝えたのは百田尚樹さんの『永遠の０』だった。ラジオをはじめ、講演を頼まれるたびに本をかざしながら推薦したものだ。

その『永遠の０』が、岡田准一主演で映画化という朗報が飛び込んできた。もっと多くの方に読んでいただける機会が増えたことを喜びたいと思う。

『永遠の０』ってね、戦争を背景にしてはいるが「愛」の物語なのですよ。

2012/09/30

小説『天国の本屋』ヒット──「読書仲間」が後押し

僕は昔から〝つるむ〟のが得意ではなかった。学生時代に団体スポーツをやってはきたが、プライベートの時間まで皆と一緒に行動することはなく、独りでいることのほうが多かった。だらだらと自分の意に沿わない時間を過ごすことには苦痛を覚えてばかりいた。今にして思えば、若かったということなのだろうか。

居酒屋や焼き鳥屋さんで酒を飲むことを覚えたのは社会人になってからのことで、独り暮らしの無聊(ぶりょう)を慰めるために出かけるようになった。

自分の中では〝酒を飲む〟ということは〝その日の終わり〟を意味していたので、あとは寝るだけという状態になった時に飲みに出かけた。

貧乏性なこともあり、ただ無為に時間を過ごすことには強い抵抗を感じてしまうのだが、〝今日はもう終わり〟と割り切ってから飲む酒の時間はだらだらと過ごしても、もったいないとは考えることはなかった。

いつしか、酒が縁でさまざまな職業の方と知り合いになり、出身地も年齢も学歴も違う人たちと仲良くなることができた。〝つるむ〟のが嫌だったはずなのに、むしろ積極的に関係を築いたのが僕の社会人のスタートの10年だったように思う。

その社会人のスタートを〝本を売る〟ということを職業として選んだ結果、〝本を作る人〟〝本を書く人〟〝本を配送する人〟とはとりわけ親しくなり、なかでも〝作る側（出版社）〟の営業マンとは、頻繁に夜の席でも一緒になる機会が増えた。

〝読書〟という極めて個人的営為が酒席の主な話題となり、普遍性を獲得したのだ。まだ書店にパソコンが普及する前のことで、本の知識は一人一人の頭の中にしか存在しなかった時代。問い合わせにも記憶を総動員するしか対応するすべがなかった時代。

営業マンの全国を行脚しての話題はとても貴重なもので、目を見開かされる思いがしたものだ。文芸書の展開の仕方だったり、フェアの組み方だったり、棚の本の構成の妙だったり。随分と勉強させていただいた。

僕の方もさまざまなアイデアを具現化して実際にフェアを行ってその検証結果を報告していた。ギブ・アンド・テイクの関係といったらいいのか、蜜月時代のようなものだったのかもしれない。

僕が「さわや書店」にいた時代に全国ヒットに結びついた作品に『天国の本屋』（かまくら春秋社刊）がある。当たり前のことだが、自分たちの努力だけで全国に広がったわけではない。大手や中小の出版社の営業マンが、他社の本なのに読んで〝良いものは良い〟と各地の書店に紹介してくれたおかげでもある。

そのなかでも一番親身になって全国の書店に薦めてくれたのは、仮にK君としておくが、20年来の飲み友達であり本好き仲間の一人だ。

〝天国〟にある本屋での〝朗読〟がメーンのこの小説。僕から薦められるままに、帰宅する電車の中で読んで号泣したと知らせてきたことが忘れられない。

やさしい内容でありながら心にしっかりと残るのは、『泣いた赤鬼』とか『ろけっとこざる』『ナルニア国ものがたり』など、小さい時に読み聞かせられたり、自分で読んだ本が効果的に劇中劇の形で出てくるからだと思う。その懐かしさがこの本の面白さを倍加している。

〝朗読〟といえば今、あるマンガが大人気になっている。『花もて語れ1〜4』（片山ユキヲ著・小学館刊）だ。声に出して初めて相手の心に届けることができる〝朗読の世界〟を二次元のマンガで表現できるのかという当然の疑問にかられるであろうが、まず一読をお薦めしたい。

宮沢賢治の童話『やまなし』と芥川龍之介の『トロッコ』が取り上げられているが、それがどう作中で描かれているか、乞うご期待である。

僕が社会人のスタート時にお世話になり一緒に飲んだ人々のほとんどが鬼籍に入ってしまった。年配の方が多かったせいでもあるが、感謝に堪えない。K君も僕より若いのに、この秋逝ってしまった。

2013/01/27

書店と図書館の関係性——補完し合うと信じる

今年の芥川賞と直木賞が発表になり、本屋大賞のノミネート作も発表された。

芥川賞・直木賞は作家の救済と、小売店は2月、8月が売り上げが減る月であることから少しでも書店が活性化するためにと1、7月に受賞日を設けた、と聞いている。

今回も75歳の黒田夏子氏が史上最高齢で芥川賞に選ばれたり、平成生まれの朝井リョウ氏が直木賞に戦後最年少で選ばれたり——と話題には事欠かないようだ。

文学賞は数々あれども歴史と権威において芥川賞と直木賞の両賞に匹敵するものはない。メディアの取り上げ方も別格のような気がする。

書店で働いていた時は売り上げに直結する賞であったからそれなりに真剣に受賞予測をしていた。選考委員の先生方の顔ぶれから傾向をとらえたり、著者と「文藝春秋」との距離を考えたり。

変な話だが、どの出版社から出しているかということが決定的な決め手になることが多いということも分かった。「賞」の裏事情を描いた筒井康隆氏の『大いなる助走』も参考になり、笑わせられ、考えさせられ、なるほどと納得させられた。

絶対的な〝権威ある賞〟から一企業の〝販売促進のための賞〟の側面も多々あるなぁと

いう認識に変わっていったのは、予測がピタリと的中しだしてからのことである。

今、文学賞がどのくらいあるか最近数えていないので正確な数字は分からないが、１００以上はあると思う。われもわれもと、いろいろな出版社が「賞」を増設してやめることを知らない。

出版不況が言われているなかでも、本を出したい人は増え続けており、また「賞」も増えているが肝心の読者が減っている。「カラオケと同じ」と自嘲気味に言う業界人もいる。歌いたい人だけで聴く人がいない、と。

「賞」をもっと書店の店頭で積極的に売れるものにしよう、売り場からベストセラーを作ろうと企画して生まれたのが本屋大賞で、お客さまを最前線で接客する書店員が投票して選ぶ賞だ。

自分たちが選んだということでお仕着せではない展開をする店が増え、実売数がもっとも伴う賞になった。映画になる確率も高く、メディアミックスでさらに売り上げを伸ばす傾向にもある。

知人の作家は「他の賞はいらないから本屋大賞が欲しい」と公言してはばからない。その本屋大賞も今年で10回目になる。さまざまな批判も受けてきたが、10年間やり遂げるということは、それだけでもすごいことだと思う。今年は11作がノミネートされた。

新刊の書籍・雑誌・コミックスなどを販売する書店から、図書館に働く場を移して10カ月たった。しかし、いまだに感覚的になじめないところがある。およそ30年間、いかにしたらより多く〝売る〟ことができるのかということを考え、悩み、悪戦苦闘し続けたことが〝貸す〟という図書館業務とうまく折り合いがつけられないのだ。

また販売することを通して知り合いになった多くの作家の生活状況を知っているだけに、今日の出版不況のなか、力添えできないことが残念でもある。

ただし、出版不況を図書館とか新古書店のせいにする考え方にくみするわけではない。それは現役の書店員の時から変わらない考えだ。むしろ図書館とは補完し合う関係だと信じている。

出版不況は、むしろ書店の現場にあるのではないか。コンピューターシステムの導入によるローコストオペレーションによる人材の切り捨てが今日を招いたのではないか、そして目先の利益追求に走りすぎた結果ではないのか。本部主導型が増え、支店の自由裁量権を奪ってしまった結果ではないのか、等々。

洪水のようにあふれる新刊におぼれる都会の店があれば、枯渇した川のように新刊が全く入荷しない田舎の店もある。格差は開くばかりであり、ここに公共図書館の新たな役目があるようにも思える。

最後に、本屋大賞にはノミネートされなかったが、昨年読んで個人的に感動した本を挙げておく。『火山のふもとで』松家仁之著、新潮社刊。『十六夜荘ノート』古内一絵著、ポプラ社刊。

2013/05/12

郷土史伝える閉校記念誌――先達の歩み書籍にも

この3月は三つの小学校の閉校式に出席させていただいた。いずれの小学校も140年余の歴史を持ち、地域社会の心のよりどころであり思い出の場所であり続けた。明治、大正、昭和、そして戦争。敗戦、高度経済成長、バブル、平成、そして今現在。各小学校の閉校記念誌を取り寄せてひもときながら、地域社会の歴史をさかのぼり思いをはせている。

記念誌はそれぞれ編集に違いはあるけれども、見ていて飽きることはない。特に共通して興味深いのは卒業写真だ。

おおむね大正時代から始まり今年の最後の卒業生まで載っているが、髪型であったり服装であったり、風俗資料としても一級品だと感じる。

一番感慨深いのは卒業年次ごとの卒業生の人数で、1959（昭和34）年をピークになだらかに減ってきていることが分かる。急速に減りだしたのは平成になってからのことだが、その理由や原因はもう少し前の時代にあるのかもしれない。

写っているほとんどの人は見知らぬ人だが、じっと見つめているとさまざまなことを語りかけてくれる。皆、どんな人生を歩んだのだろうか。

大正から昭和10年前後に卒業した男子は戦争で命を失った人が多いだろう。寺によっては戦没者の軍服姿の写真を額に入れて冥福を祈っているところもあるが、運よく生き残った人々もその多くが鬼籍に入りだした。

『永遠の0』（百田尚樹著、講談社文庫）。著者がこの話を書こうと思い立ったのは、著者の父親＝1921（大正10）年生まれ＝が生きているうちに、戦争を体験した人々が存命のうちに著して読んでほしかったということであるらしい。残念ながら間に合わなかったそうだが。

記念誌の昭和10年の項には「凶作の影響が大なり　貧困児童の増加」とある。この一行が物語る世界は深く悲しく戦争へと突き進んだ背景の一つと言えるかもしれない。

「ながい間わたし達は人間を失っていた。悲しい時に悲しいと言わず、嬉しい時に嬉しいと言わなかった。～中略～　戦争というものは、人間を神にもすれば獣にもする」こういう書き出しで始まる本は『ヒューマニズム』（谷川徹三著、細川書店刊）だ。4章で構成されていて最後の章『もろともにかがやく宇宙の微塵となりて』には、一関市東山町長坂のことが書かれている。

戦争で病んだ心と身体、そして自分たちが住む村を立て直すために青年たちは宮沢賢治を指標とした。その碑を建立するために揮毫（きごう）を谷川先生に頼んだのだ。

その辺の事情と碑の言葉「まづもろともに～」が賢治の言葉の中でももっとも美しい言葉と思い、愛していたことなどが記されている。

谷川氏は哲学者で、後に法政大総長になった。詩人の谷川俊太郎氏は長男である。まだ賢治がそれほど知られていなかった時代に賢治のすごさを認めていた学者の一人でもある。

賢治の代表作一編を挙げよと言われたら、『グスコーブドリの伝記』を挙げるにちゅうちょしないと言い、詩の代表作を挙げよと言われたら『雨ニモマケズ』を挙げると言い切る人だ。『ヒューマニズム』は1949（昭和24）年の刊行。

閉校記念誌を読みながら、いろいろと岩手に関する本へと思考はつながってゆく。『戦没農民兵士の手紙』（岩波新書）は戦地から届いた家族への手紙を集めている。大半が東北の出身者で岩手が圧倒的に多い。

『千三忌』（岩波書店刊）は、一人息子・千三を戦地で失った北上市和賀町の母・セキさんが極貧の中でお金をためて路傍にお墓を建てる。その母も亡くなった時に近所の人々が年に一度、命日の日に集い弔うことを描いた。『ものいわぬ農民』（大牟羅良著、岩波新書）は戦後の岩手の農村の暮らしと本音をつづる。大牟羅さんの姉・西塔幸子氏のことを描き琴線を震わすのは『山峡絶唱』（長尾宇迦著、講談社刊）。

岩手の山村僻地で小学校の教師をしながら「歌に生きた」37年の生涯を描いている。「みちのくの寒さ極まるこの朝を足袋を穿（うが）たぬ児等あまたあり」など、貧しさのなかで懸命に生きる子どもたちを歌った歌が多い。

『童眼（まなぐ）』（三上信夫編著、リヴァープレス社刊）は昭和30年代初めの下閉伊郡の子どもたちの文集で、閉校記念誌のそばがもっとも似合う本である。

2013/09/01

本の世界を人の心に届ける──図書館が「案内人」に

自分はどうして本を読むようになったのかということを振り返って考えてみると、三つの大きな契機があったことに気付く。

もう45年も前のことになるが、一つ目は中学生の時で友人の家に遊びに行ったときに応接間に本棚があり、大量の岩波文庫と岩波新書がぎっしり詰まっていたのを見て衝撃を受けたこと（当時、本がたくさんある家庭そのものを見たことがなかった）。

二つ目は高校時代のことで、やはり友人の下宿を訪ねたときに文学全集とか岩波新書とかが当然のように部屋にあふれかえっていた光景を見たときのこと。

そして三つ目が高校で日本史を教えていた先生の話を伺ったときで、それは「先生が毎日5時に起きて出勤前に必ず1冊は本を読んでから家を出る」という話だった。

それを聞いた高校生の自分は「すごいな。かっこいい」といたく感動して、それからはどんな時でも本をカバンに忍ばせて、ちょっとした空き時間でもひもといて読むという習慣が身について今日に至っている。

岩手県の本の販売シェアはだいたい全国の0・6％前後と統計では表されている。その数字が大きいか小さいかは一概には判断できない。

ただ、以前（さわや書店勤務時）にラジオ番組で本の紹介コーナーを受け持っていた時のことだが、ラジオで紹介すると最大で3％までシェアが上がったこともある。

『だから、あなたも生きぬいて』（大平光代著、講談社刊）を紹介した時には手持ちの600冊が3日間で売り切れるほどの反響があり、放送が届いた地域の書店さんには注文が殺到したと後から講談社さんから教えられた。

それもあって潜在能力的には3％まではあると信じているが、本を読みたいと思っている多くの方々に、適宜に本の内容を伝えることは逆に困難なことであるということもラジオ番組の経験で身に染みて理解できた。

「超」がつく大型書店が出店してきたし、流通システムが格段に進歩を遂げ、アマゾンという通販業者の便利さも知れ渡ったはずなのに必要な人に必要な本の情報が伝わらないという現実。さまざまな理由があると思うが、まずはそこをスタートラインと認識し地道に伝えるということを継続していこうと思っている。

今、来年開館予定の新・一関図書館の本の選書をしているが、最近（ここ10年）出た本の品切れや絶版の多さに正直驚いている。

各社の目録を取り寄せて調べているのだが、掲載されている本の半数近くが手に入らない状態になっている出版社が数多く見受けられ、まるでお寺の過去帳のようである。

有名な作家さんや学者さんの本でも例外ではない。駄目でつまらない本だから消えていっているというわけではなく、出版洪水に埋もれてお客さまの目に触れる機会が圧倒的に少なかったんだろうと思う。

チャンスに恵まれなかった本とも言えようか。

なにせ年間8万点以上の本が新刊として生み出されているのが今の出版事情だが、裏をかえせば年に8万点以上が消えていっているということでもある。

図書館は本来ストックの機能を併せ持つが、ストック以前の問題であるように思えるし能力の限界も見える。

来年には消費税の税率アップが予定されている。前回の消費税率アップの時にも大量の絶版が生じたが、今回もその轍（てつ）を踏みそうな気がして今から頭を痛めている。

気が付いた時にはあの本もこの本も見かけなくなった、ということが確実に起こりそうである。

「一期一会」という言葉はお茶の世界の用語なのだが、本にもあてはまりそうに思えてきた。どういうことかというと、書店で見かけて欲しいなと思った本は即購入しておかないと、二度と出会えないということが起こり出してきているのだ。

出版が隆盛なようでいて逆に人の心には届いていないのではないかという疑念のなかで、それでも何かのきっかけ（契機）が縁で本の世界の豊穣（ほうじょう）さに足を踏み入れる人が出るかもしれない。

水先案内人に図書館がなりうるかどうかは分からないが、重要性は増してきていると思う。

2013/12/29

混迷深める出版業界──買うより借りて読む

平成25年を終えようとしている今、年号が変わってすでに四半世紀がたつということにあらためて驚いている。

昭和が遠くなったのもうなずけるが、月日の過ぎゆく速さと、この間の社会の変貌ぶりに戸惑いを覚えているのは自分だけなのか？

当たり前のように便利な機器が身の回りにあふれている今の世の中。〝不便〟な時代が妙に懐かしく『写真ものがたり昭和の暮らし』（須藤功著、農文協刊）をひもとく毎日だ。

出版の世界に話を転ずれば12月という月は総決算の月でもあるわけで、各種のベスト10や印象に残った本などの企画が新聞・雑誌をにぎわす。恒例の行事ともなっているが、影響力の低下は免れない。

例えば週刊文春の〝ミステリーベスト10〟に対して、アンチで宝島社が〝このミステリーがすごい！〟を創設した１９８８年の時代状況を思い浮かべて今と比較してみると、歴然とした差が横たわる。

週刊文春という一つの権威的選考の仕方に不満を持つ読者が多数存在し、そういう読者を巻き込んでの〝このミステリーがすごい！〟の登場だった。書店の店頭でも読者の熱い論争が繰り広げられたものだ。

今のように多くの書店がミステリーのフェアを開催したわけではなく、少数の理解ある書店だけが行ったのだが、売れ行きも半端な数ではなかったし、ベスト10の1位から10位までがまんべんなく売れた時代でもあった。


冒険小説が市民権を得、海外ミステリーが黄金時代を迎えていた。そういう時代。『このミステリーがすごい！』（宝島社刊）も数百冊単位で売れた記憶がある。

ところが、売れるとなるとすぐにマネをするのもこの業界の風潮であり習わし。

普段はミステリーに関心のない店までもが年末にはミステリーのコーナーを作るようになり、ミステリー熱も拡散して薄まってしまったような気がしてならない。結果として、今は1位に選ばれた本しか売れないという悲惨な状況を生み出している。

出版業界の売り上げ不振は深刻度を増している。それを象徴するような現象が、実は昨年現れている。昨年1年間の書籍の発行点数は約8万2200冊。平成元年と比べると3倍強と膨れ上がったままだ。

それに比して書店の数は約3万店から1万4千店と激減。地元の小さな書店が廃業し、超大型書店とナショナルチェーンの店が席巻しているのが現状だ。ネット書店も隆盛をみている。

売り場面積は増大しているにもかかわらず、出版物の売り上げはどんどん落ち続けている。さまざまな理由が語られてきたが、ゲーム業界にお客を奪われたというのが、長い間の理由づけのトップ。今はスマートフォンにその地位を譲るのだろうか。

でも実は、公然とは言えない理由があったのだ。公共図書館はここ10年で５００館増え３２３０館前後。個人貸し出し冊数は5億７１００万冊から7億１５００万冊に激増している。

昨年度でいえば書籍の販売総冊数は６億６７００万冊だったので、買う人と借りて読む人の数が逆転してしまった。読書離れではなく、買って読む人が減ったというのがどうやら真実らしい。

今でも多くの作家の方々と親交があるので、自分の今現在の立場がすごく心苦しいのだが、理解を示してくれる作家が多いことに助けられている。

さて、今年もさまざまな本に出合わせていただいた。印象深い本を何点かあげたいと思う。『大事なことほど小声でささやく』（幻冬舎刊）、『ミーコの宝箱』（光文社刊）、『ヒカルの卵』（徳間書店刊）。いずれも森沢明夫氏の著作で、心温まる話の書き手であり次作が待ち遠しい作家。

『沈黙のエール』（横関大著、講談社刊）、『水を出る　軍鶏侍』（野口卓著、祥伝社刊）、『ふるさと銀河線』（高田郁著、双葉文庫）。

そして、来年早々に発売予定なのが『風の向こうへ駆け抜けろ』（古内一絵著、小学館刊）。個人的にもっとも注目している作家の3作目。天涯孤独の少女がジョッキーとして地方競馬に旋風を巻き起こすストーリー。熱くなる話です。……よいお年を。

2014/05/04

書店と違う図書館の役割——出版物を後世に残す

書店業は小売業の一種だが、他の小売業とは大きな違いが二つある。一つは委託販売制度というもので、例外はあるが問屋は書籍・雑誌を出版社から委託扱いで仕入れ、小売書店に対しては委託扱いで販売する方法をとっている。

委託期間や取引条件はさまざまであるが、出版物の大量生産、大量販売はこの返品自由の委託販売制度が大きく作用している。今までの業界の発展はこの制度によるところが大きい。積極的な販促を促し、出版社にも活力を与えてきた。

しかし近年、この制度の負の側面が浮き彫りになってきている。小売書店に対しての〝見計らい送品〟が前提なだけに、粗製乱造出版物の氾濫や過剰送品の問題、結果としての返品の増大などの諸問題を生み出してきている。

もう一つの違いとは、出版物の再販制度と定価販売励行制度のことである。これにも例外があるが、出版物は基本的にどこで買おうが定価で購入できる制度ができている。

大都市であろうが離島であろうが、同じ値段で購入できるということだ。粗利は小売業の中ではかなり低く抑えられていて薄利多売の構造をしている業界でもある。

さて、僕が東京のある書店チェーンに勤め始めたのは１９８２年のことで、経済が上向き加減になってきた頃のことである。勤めて最初の仕事が、チェーン店内のある店舗の撤退だった。

１週間通いつめてひたすら返品伝票を書いて箱詰めするという作業をしていた。今みたいな巨大な書店ではなかったので少ない人数でも事足りたが、書店業務がコンピューター化するのはまだまだ先のこと。

返品伝票には、赤カーボン紙を2枚挟み込んでボールペンで書籍の場合は書名・著者名・出版社を、雑誌の場合は雑誌コードという数字を記入する方法だった。

その撤退作業を終えて本店で勤務することになったが、基本的な自分の仕事はやはり返品作業と掃除であり、指にたこができるくらい裏の倉庫で伝票記入と箱詰めの毎日を送っていた。

まる2年間、そういう裏方作業に携わったことが、自分の財産になったんだということに気付かされたのは、しばらくたってからのことだ。

どういうことかと言うと、手書きで伝票に書名等を記入し箱詰めするという作業を通して、いつのまにか、書籍のタイトル・著者・出版社などを情報として大量に記憶できていた。また、どういう作品が売れて、どういう作品が返品になるのかという分析もできるようになっていた。試行と検証の方法論が自分の中で確立しつつあったのだ。

話は変わって、旧一関図書館が42年間の役目を終えて、3月31日に閉館した。

建てられた当初は広く斬新な建物だったようだが、出版業界が急速に肥大化するにつれ、反比例的に狭くなり、またモータリゼーションの流れにも乗れず、駐車場も狭いままで利用者の方々にはずいぶんとご不便をおかけした。

それもやっと解消できそうで、新一関図書館として生まれ変わりこの夏オープンする予定である。

その移転作業が4月から本格的に始まった。伝票こそ書かないが、何千箱という箱詰め作業は、書店の返品作業と同じで肉体的にはかなりきつかったが、一冊一冊を目と手で確認して詰めてゆくという作業は、蔵書の全体像を知るにはうってつけの作業であった。

書店の撤退、または新規開店を幾度も経験させていただき、そして今度は図書館の閉館と新規開館に立ち合わせていただいているが、なかなか得がたい経験をさせていただいているのかなと思う。

書店と図書館は同じようでもあるが、実は根本的な違いがある。一番の違いはストック機能だと思う。

今の書店業界が陥っている粗製乱造・大量返品・廃棄の流れの中から、後世に残したい出版物を拾い上げてゆくという仕事こそがこれからの図書館の大きな役目であり、より専門性が問われてくるように思うのである。

2014/08/31

書店と図書館の違い——話題の本は棚にない

書店で働いていた時は業界本（書店や出版社に関する本など）は必ず読むようにしていたが、最近では遠ざかってしまってほとんど読むことがない。

しかし、この夏どうにも気になる本が出た。『紙つなげ！　彼らが本の紙を造っている——再生・日本製紙石巻工場』（佐々涼子著、早川書房刊）だ。

日本製紙は日本の出版用紙の約４割を担っているそうだが、その主力工場が石巻工場であり、東日本大震災で津波に襲われ壊滅的な被害を受けた。人的被害こそ出さなかったが、閉鎖もやむなしという状況のなかで、リーダーが半年後の再開を決断する。

２年はかかるだろうという周囲の声と、とてもそんな短期間では無理と考える従業員、そして紙を待っている出版社……。不可能とまで言われた早期の工場再開の道を描く。

書店や図書館で本や雑誌は当たり前のように存在し、購入したり借りたりしているが、出版を根本から支える紙を製造する人々、そこにある熱い思いを知ることができる。ぜひ手に取って読んでほしい一冊である。

さて、新一関図書館が移設開館して一ヶ月がたった。子どもたちの夏休みを考慮しての開館で、慌ただしく混雑していたが、今は少し落ち着きつつある。

いろいろ不備な点もあり、利用者の方々からはさまざまなご教示をいただいているが、とてもありがたいことだと思っている。

図書館員としては新参者で、図書館のことを分かったふりをして語る資格がないのではあるが、書店との大きな違いを書いてみたいと思う。

書店の場合、話題の本なり有力な新刊本を店頭から切り離すことはご法度だった。〝売り損じ〟は恥ずべきことであり、販売機会を失うことは顧客を失うことにもつながることであった。

それを防ぐためにも本の内容分析や仕入れには最大限の努力を払ったものである。あとは入荷した本をどこに並べるかを考え、必要とあらばＰＯＰ（ポップ）を書いてアピールする、というのが書店の仕事の大まかな流れだ。

対して図書館では、話題の本でも有力な新刊でも基本的に1冊しか仕入れしないから、棚にないのが当たり前というのが普通の状態なのだ。

一関の図書館の場合、３週間の貸出期間があり、よく借りられる本でも年に10回程度の貸し出し回数しかない。例えばある書籍に予約が30人入ったとしたら、忘れた頃に貸し出しの順番が回ってくることになる。そしてそれはしばしば起こるのである。

特定の作家だけがもてはやされる状態は書店も図書館も変わりはない。そしてそのことに書店は対応できるが図書館は対応ができないのである。

複本（同じ本を複数冊入れること）という考え方もあるが、あらゆるブームは一過性であり時間がたてば顧みられないものになる。複本で対応した結果が、倉庫にかなりの数眠っている。

何度か同じようなことを書いたが、今、文芸の世界はかつてないほど豊穣の時を迎えている。たくさんの作家が多様な作品を続々と上梓している。

一部の特定の作家だけが面白いわけではない。むしろ、まだほとんど無名に近い人たちの中に面白い作品が多い。しかし、現実には、テレビや映画化された作品やマスメディアで紹介された作品に読者は集中しすぎるきらいがある。それでいてベストセラーはつまらないと言う人がいるが、それはほとんど真実なのだ（逆説ではなく）。

ばらしてしまうとベストセラーは意図的につくられることがある。大都会にある指標となる大型書店のベストセラーはさまざまに利用されるので、出版社や読者が大量買いをしてベストテンの上位に入れるということをしばしばやってきた。それが売れ筋情報として全国に流れる。うのみにすると、つまらない作品だったという感想が生まれるのだ。

今回の締めくくりに『みをつくし料理帖』（高田郁著、ハルキ文庫）をお薦めしたい。5年にわたって書かれたシリーズも『天の梯』第10巻で完結した。

自然災害で親を失った2人の少女。1人は吉原で咲き、もう1人の娘は料理人として、人々の幸せのために生きる。読んでいて涙の涸れぬ日はなかった。美しい宝石のような絶品の時代小説。

2014/12/28――――――――――――――――

次の本との出合い方――流れや系統を知ろう

何かをする〝キッカケ〟ということがある。読書にもあるだろう。僕が本を読むようになったのは高校1年生の時に見た1本の映画がその〝キッカケ〟だったように思う。

当時と言っても、はるか40年以上も前のことだが、一関の駅前に洋画専門の映画館があった。常時2〜3本の映画を上映しており、入場券は確か300円だったように思う。玉石混交の組み合わせで、今で言えば「18禁」の映画も含まれていたようにも記憶している。

そこにある日、ドストエフスキーの『カラマーゾフの兄弟』の映画がかかり、それを見て無性に原作が読みたくなったのだ。

北上書房で購入して読み始めたが、授業中はもちろんのこと、通学の汽車の中や帰宅してはすぐに自分の部屋に閉じこもって読み進めた。映画によって兄姉の人物像やロシアの大地のイメージが植えつけられていたが、原作の小説の方がより衝撃的だった。

それが文章に揺さぶられ、溺れた初めての体験である。それからは読まない日がないと言うくらい、必ずカバンに数冊の本を忍ばせては読んでいる。

僕の場合には映画の原作だったが、テレビドラマの原作だから読んでみようという人もいるだろうし、誰か有名人が「面白い」と言っていたからというのも強い動機になるだろう。

芥川賞・直木賞を筆頭とする「賞」の存在も後押ししてくれるはずだ。書店の店頭にあるＰＯＰ（ポップ）も購読意欲をそそるものであるだろう。

さて、僕が書店時代に心がけていたことの一つは、これはぜひ読んでほしいという1冊があると、ＰＯＰを使ったり本に推奨の言葉を書いた帯を巻いたりして、まずその1冊を強力に薦める。

そして、その本を読まれたお客さまは次に何をお求めになるかを考えて隣に積む本を選ぶということをやっていた。

〝本〟は虚空にポツンと1冊浮かんでいるのではなく、その1冊にはさまざまな本が系統樹のようにつながっている。

一番分かりやすい例は本の巻末にある参考文献だと思うが、実に多くの雑誌・新聞記事・書籍が資料として読み込まれて出来上がったのかが理解できる。

また、尊敬する作家のマネから生み出された小説もあるし、触発されて描かれた作品も数多い。もちろん作家の個人的体験も大いに関係しているとは思うが、先達の影響下から新たな世界を紡ぎ出すのが作家であると言っても良い。

12月上旬にＮＨＫの「クローズアップ現代」という番組で〝広がる読書ゼロ～日本人に何が〟という内容の放送があった。

ここ数年で、1カ月に1冊も読まない人の割合が10％以上も急上昇したと言う。特に学生の読書離れが深刻で、最大の理由にスマートフォンの普及を挙げていた。情報や知識へのアクセスが本を読まなくとも簡単にできるから、というのが番組の結論のような放送だった。48・5%の人が読まないとも放送していたが、僕個人の感想としては、えっ！ そんなに読む人がいるんだ、という驚きだった。

この認識の違いはなんなのだろう。

読書離れというよりは本の求め方が変わってきたという思いは、しばらく前から抱いている。特定のベストセラーの本だけへの集中が激しいのだ。

しかも、それ1冊で終わり、同じ作家の別の作品にすら向かう人が少ない。短絡的に今売れているから読もうかということだけになっているような気がする。

〝本の流れ〟〝本の系統〟を提示できない書店にも問題がありそうだが、本を読む楽しみを十分に味わってはいないように思う。

最近、ちょっと楽しい本が出た。タイトルが『次の本へ』。苦楽堂という元プレジデント社の編集者・石井伸介氏が神戸で立ち上げた出版社の第一弾だ。

〝自分に合った本とどうすれば出合うことができるか。次の本との出合い方を案内した本〟だ。84人の案内人の紹介する本の数々、あなたにぴったりの本があるかもしれませんよ。

2015/04/26

本をめぐる撤退戦──時代との別れ寂しく

街から書店が次から次へと消えてゆく状況が続いている。

「出版不況」という現象は出版社、取次（問屋）、書店（本屋）の中で一番弱い立場にある街の本屋を直撃しているようだ。

自分の高校時代は一関市にある北上書房を利用していたが、大学生になってからは岩手県の学生寮（東京都豊島区）に入ったこともあり、池袋駅近くの芳林堂という書店を主に利用していた。

いつも客でいっぱいの店で地下から5階までジャンル別に整然とした棚構成が見事な店だった。

田舎者の自分にとってはまぶしすぎるほどの店。毎日通っても見飽きることがなく、後に知ったことだがそうそうたるメンバーがスタッフとして働いていたようだった。

「本の管理の仕方」「フェアの展開の方法」「雑誌のバックナンバーの取り扱い方」など、当時の書店業界の最先端をゆく試みをしていた書店だった。

それから数年後、池袋駅に隣接する西武百貨店内に「リブロ」という名の書店が誕生する。

百貨店内の書店ということで最初はレベルが低く見られていたが、傘下の西友から一人の男を迎え入れたことにより「劇的な」と形容したいほどの変化を「リブロ」は遂げた。卓越した方法論と分析力、アカデミズムとの接近、本の組み合わせの妙を奏でる棚構成。いつしかそれは「リブロ」を率いる今泉正光氏の名を取り〝今泉棚〟と呼ばれ、他の老舗の書店グループの従業員が学び直す研修の場にもなった。

「リブロ」が脚光を浴びた時代はバブル期と重なる。急速なモータリゼーションの発達もあり、小売店が郊外にシフトし始めた時期でもある。

なぜこういうことを長々と書いたかというと、書店業界の歴史に燦然と輝く時代を築いた「リブロ」が、今年の夏に閉店することが発表されたからである。

既に今泉氏は同店を去り、また彼が育てたスタッフもその多くが去っている。オーナーも代わっているので以前の「リブロ」とは異なるのだけれども、池袋からその名が消えることは寂しい限りである。その前に一時代を築いた芳林堂も既に2003年に撤退している。

撤退戦は心の消耗度が激しい。自分も何度か閉店作業を経験してきたが、作業が終了した時点で一緒に働いてきた仲間との別れが待っているし、利用していただいたお客さまとの別れもある。

ただ、本はそのほとんどが委託商品であり、返品することによってある程度の金額が戻るから、オーナーは損をすることがあまりない。

だから問屋筋からは、資金繰りの苦しい店には早めの撤退が呼びかけられる。『傷口が浅いうちに』ということだ。

図書館で働き始めて驚いたことの一つに寄贈本の存在がある。故人となった人が集めた本をどうしたらよいか悩んで声をかけてくる人が多い。美術全集や文学全集、経済の論文集、哲学書など当時は大枚をはたいて買いそろえたんだろうと思える重厚長大な本がぎっしりと本棚に並んでいたりする。

何軒もの個人宅に伺って本棚を見せてもらったが、古書店は買ってくれないし、捨てるには忍びないという声をかけられた。かといって、図書館でも一そろいはあるので寄贈を申し出られても対応が困難な場合が多いのである。

図書館の閉架書庫（倉庫）も満杯に近くなっている館が多く、受け入れにも限度がある。だから廃棄処分という手段を取らざるを得なくなる。

ところが、その廃棄処分という手段にはすごい勇気が必要とされていて、おいそれと決断できるものではないのである。

自分の蔵書もかなりある。「蔵書は一代」と認識しており、そろそろ撤退戦を始めようかと思っている今日この頃である。

2015/08/09

書籍文化の戦後70年――活字への熱があった

一関図書館は7月24日で移転・新装開館から満1年を迎えた。いまだにたくさんの方々からさまざまなご教示をいただいたり、叱咤(しった)・激励をいただいている。

おかげで棚の充実度は着実に増してきていると思うし、利用者に育てられているということを実感している。これで良しということはないのだけれど、方向性は見えてきたように思う。

一方で出版・書店業界からは悲鳴しか聞こえてこない。知り合いの店が次々と閉店に追い込まれており、出版社に勤める知人たちからも離職のはがきが届きだした。

作家の先生方からは「全然売れません。重版(増版を受けること)がかかりません」というメールが寄せられる。自分が書店で働いていた時代とは、わずか数年ながら根本から変わってしまったような印象を受ける。

「出版不況」の言葉を安易に使用していたが、どうやら甘かった。地すべり的に底の底から戦後の出版・書店業界のパラダイム(仕組み)や歴史が崩壊し始めたようだ。

かなり前から兆しはあったんだろう。気付かなかっただけで、もしかするとバブル時の日本中が浮かれている状態の時に崩壊の兆しがあったんだろうかと考える。ナショナルチェーンの急速な拡大、店舗の大型化、郊外化（モータリゼーション対応）、そしてコンピューター管理による従業員のパート・アルバイト化など。1980〜90年代に端を発する小売業の流れだ。

書店業界に限ったことではなく小売業界全体を覆う流れで、町の小売店は次々と淘汰されていった歴史がある。しかし、世間のバブルが崩壊しても出版・書店業界はしばらくは売り上げが伸び続けた。そのため「不況に強い業界」という「神話」がよみがえり、その「神話」は大手を振ってそこここを徘徊しては根本的な対策をとることを遅らせた。

また、バブル時に「売れたという成功体験」を持つ人々が会社の上層部を占めるにつれ、状況の変化についていけなくなったという面もある。どこかで原因・因果をはっきりさせない限りは、この崩壊を食い止めることは不可能だろう。

一関図書館は「戦後70年　昭和を振り返る」というフェア（8月26日まで）を行っている。主に戦争体験と銃後の生活に焦点を当てた書籍を展示している。ここ1カ月ほど、それらの書籍を読んだり調べることに時間を費やしてきた。活字で残された手記もかなりあるが、むしろ写真で残された記録を展示の中心に据えている。観念的に戦争をとらえるよりも、まず視覚で戦争と当時の実態を見てほしいという願いがある。

例えば、太平洋の島々での戦いは米軍が記録した写真が実に生々しい。日本兵の死体が累々と海岸線で折り重なっていたり、やせて骨と皮だけになった日本兵の姿も多く写されている。赤紙で召集され、郷里から送り出された夫・息子・兄・弟はどのような死を迎えさせられたのか。写真が語りかけてくるものは重い。

「銃後の生活」を記録したグラフ誌や新聞記事も、言葉は悪いが興味深いものがある。警察や軍部の検閲を通った記事・写真だけで、いわゆる官製報道の最たるものだが、生活の理不尽さが十分うかがえるし、何より戦時中の精神の在りようを知ることができる。

「欲シガリマセン勝ツマデハ」という標語が生まれたいきさつや当時の広告の文言など。「窮乏する生活をどう少ない物資でやりくりしたら良いかという座談会」は大真面目なだけに悲しい。

今回のフェアでとりわけ気になった本に『飢死（うえじに）した英霊たち』（藤原彰著、青木書店刊）がある。「戦没者の過半数は餓死だった」ということを調査したもので、ガダルカナル島での戦いからフィリピン戦での大量餓死、中国戦線の栄養失調死など、日本の戦争の悲惨さが浮かび上がる。

今回は選んでいないのだけれど、戦後の歩みを記録したグラフ誌には人々の夢と希望が多く載っている。戦争という、先が見えない地獄からとにかく生き延びたという安堵（あんど）感が横溢（おういつ）している。食べ物への「飢え」も強烈だったが、活字への「飢え」もすごいものがあったようだ。哲学書や翻訳書が読まれ、本屋・古本屋は常に本を求める人でごった返している様子が写しだされている。

出版業界の問屋の60年史などをひもといても、本を作る人、運ぶ人、売る人、読む人の笑顔がまぶしい時代があった……。確かに「あった」としか言いようがない。

2015/11/29

めぐり合う一冊——そこここにある「縁」

孤独と言えるほど深いものではなかったけれど、知人のほとんどいない大都会・東京の片隅で、住み込みでバイトをしながら大学に通っていた時期がある。

最初は岩手県の寮に入ったのだが、自分には居心地が悪く、夏休みの後に、つてを頼って江東区の木場という場所にある牛乳店で働き始めた。親からの金銭的独立の意味合いも少しはあったが、朝の3時から8時くらいまで配達をして、それから学校に行くという生活を足掛け3年続けた。ぎりぎりの生活だったので電化製品はラジオと電気こたつだけしか持っていなかった。

一日の終わりにこたつに入りながら本を読み、ラジオを聴くということが最大の楽しみでもあった日々。そんな初冬のある夜、ラジオから突然詩が流れてきた。

象が落日のようにたおれたという
その便りをくれた人もいなくなった
落日とありふれた陽が沈むことの
天と地ほどのへだたりのような

深い思いをのこして

それから私は何処でもひとり
ひとりのうすれ日の森林をのぼり
ひとりのひもじい荒野をさまよい
ひとりの夕闇の砂浜を歩き
ひとりの血の汗の夜をねむり
ひとりで恐ろしい死の世界へ入ってゆくより
ほかはない

前足から永遠に向うようにたおれたという
巨大な落日の象をもとめて

村上昭夫氏の詩集『動物哀歌』（思潮社刊）の『象』という作品だった。

他に「死んだ牛」「鴉（からす）」「深海魚」「熊のなかの星」などが読み上げられた。気が付いたら息を詰めて聴き入っていた。一言一句が身体に突き刺さる詩句だった。希望もあったが漠然とした不安をかかえていた18歳の自分に衝撃を与えた詩集だった。

「ばばこういち僕の本棚」という番組であったことは後に知る。翌日から東京中の本屋で『動物哀歌』を探したのだが、なかなか見つけられず、以前住んでいた岩手県の寮の近くの「池袋芳林堂」という書店でやっと見つけ出した。

購入して読んでまた衝撃が走ったのは、村上昭夫氏が今で言う一関市（広域合併のため）出身だったという事実。……1972年のことだった。


盛岡の「さわや書店」でお世話になり始めたのは91年からのことで、翌年、本店の店長になった。仕入れの権限を譲渡され、大手の出版社の本だけでなく、地元のさまざまな本や雑誌などの仕入れもまかされるようになった。その中に、ある短歌・俳句雑誌があり、それを毎月配達してくれる年配の女性とはいつもいろいろと話が弾むことが多かった。ある時、何かのついでに「村上昭夫氏」の話になった。そうしたら「私の夫でした」と一言。

「縁」というのはどこでどうめぐり合うか分からないなと感じた次第。

ついでに堤未果氏が『ルポ貧困大国アメリカ』を上梓したのが2008年のことで、すごいライターが現れたなと思い、さっそく地元のラジオで紹介させていただいた。反響がものすごく、久しぶりに岩波新書の販売記録を塗り変えた本になった。

……堤未果氏って一体何者なんだろうと調べたら、ばばこういち氏の娘であるということが判明し、つながりの妙に感動した覚えもある。

出版洪水は今でも続いているが、肯定的に捉えると、昔と比べれば格段に多種多様な本が増えており、面白い本もそれを書く作家の皆さんもめじろ押しの状態であると言えようか。

何かのきっかけで自分の生涯の一冊となるべく「縁」がそこここで生じるかもしれない。そう思うのである。

2016/03/27

「村に生きる」を伝える本──厳しい自然、命の尊さ

春はまず別れの季節であり、そして出会いの季節へと変わる。

一昨年7月に一関図書館が田村町から大手町に移り新一関図書館と生まれ変わったが、その1年前に新一関図書館のための特徴的な人事が発表された。

一関在住の作家・及川和男氏を名誉館長に迎えるという人事だ。及川氏は『村長ありき』(新潮社刊)で一躍全国でも有名になり、その後も『甲子園への遠い道』や『佐藤輔子　藤村永遠の恋人』など岩手の地に根ざした小説をたくさん発表し続けている。「命の尊さ」をテーマにした児童書も数多く著されている。

その及川氏は着任以来、名誉館長としてさまざまな講演や文章・エッセイの書き方講座、読書会、文学対談などを精力的にされ、新一関図書館を広くアピールする活動をしていただいた。

自分も何度か講演を聞かせていただいたが、静かな語り口ながら、りんとした心に染みる話の数々だった。その名誉館長が本年度末で3年間の任務を終え退職される。そこにいるだけで学ぶことの多い方だったが、一ファンとしてもとても寂しく思っている。

及川氏の著作への個人的な思い出を記してみると、まず、東京の書店で働き出して2年

目に『村長ありき』に出合い衝撃を受けたことを筆頭に挙げたい。

岩手で生まれ育ったのに、恥ずかしながらそれまで深沢村長のことや沢内村のことは少しも知らなかった。読んでいて、昭和30年代の農村の風景は自分も同じ時代に育ったのである程度は理解できたが、豪雪というのが全く想像ができなかった。

当時の農家はほとんどがかやぶき屋根で、井戸か山からの湧き水をくんで飲料水にし、煮炊きはマキがほとんど、土間があり、雨の日や冬はそこでわらを編んだりという作業をしていた。電化製品もなくみそやしょうゆですら貸し借りしたりと貧しさは今と比較にならない。それにプラス豪雪なのである。そんな厳しい自然条件の中「生命尊重」の理念を掲げ、行政とともに一人一人の意識を改革していった深沢村政。そして乳児死亡率ゼロの達成と、読みながら涙を流した記憶がある。

また、実家ではわずかながら田んぼを作っていたので『米に生きた男　日中友好水稲王・藤原長作』（筑波書房刊）の感動も忘れがたい。

あと一冊挙げると『鐘を鳴らして旅立て　みどり学園療育記』（新潮社刊）もやはり深く感動しながら読んだ本である。

小児科医・石川敬治郎園長とみどり学園の歴史、そこで過ごす子どもたちの姿が描かれているが、結核を病む子、ぜんそく、ネフローゼなど、難病に苦しむ子、そして精神を病んでいる子らを園長とスタッフが親身になって療養してゆく……。

あえて3点に絞ったがこの3冊には共通点がある。それは沢内村という岩手で最も自然環境が厳しい地域を原点とする作品であることで、自分の中では「沢内三部作」と位置づけている。『鐘を鳴らして旅立て　みどり学園療育記』だけが現在入手困難であり、再刊されることを心から望んでいる。

「いわての風」』の欄で自分が一番最初に紹介した本は福島県飯舘村をルポルタージュした『までいの力』(シーズ出版刊)で5年前のことになる。その年の3月上旬には『までいの力』はできていたのだが、発売直前に東日本大震災が起き発売が4月に延びた経緯がある。

「までい」とは手間ひまを惜しまず、丁寧に心をこめてつつましくという意味の方言で、飯舘村のさまざまな活動を象徴する言葉になっていた。その飯舘村にもまた花の春が訪れようとしているが、放射能汚染によってむりやり村の自然や仲間から別れさせられた人々はまだ元には戻れない。

「までい」というやさしい東北の方言とその精神は都会の論理と政治の濁流にのみこまれてしまったように感じる。

つつましくささやかな幸せというものを失ってから気付くのでは、何とも悲しいではないか。

2016/07/10

写真集は語る──時代が刻んだ光と影

一関図書館では昨年7月から「戦後70年フェア」と題して「戦争の体験」「銃後の生活」「沖縄戦」「原爆投下」「シベリア抑留」等の分類で展示フェアを行った。多くの来場者のおかげもあり1カ月延長して3カ月にわたるフェアとなった。

フェアを企画するために再度、さまざまな戦争関連の本を読みあさった。衝撃的だったのは、戦死者の多くが実際の戦闘ではなく「飢え」で命を落としたという事実だった。

亡き父は海軍だったが、常々口にしていたのは『『軍隊』は『運隊』である』という言葉だった。戦争という大きな波には逆らえず、生死を支配するのは「運」だけという一種、諦観じみたものだった。

戦艦の乗組員だった父は、将校付きの兵隊に選ばれ陸に上がる「運」に恵まれたからこそ、戦闘を経験せず無事に帰還できたということらしい（同級生の男子の半分近くが戦死）。8月の戦争関連のテレビ放送は、いつも涙を流しながら見ていた姿を覚えている。

さて、今年の一関図書館の夏のフェアは「東北ゆかりのミステリー小説」という題で、東北を部隊にしたミステリー小説を集めたものだ。

『北リアス線の天使』（西村京太郎著、講談社刊）のように地名や固有名詞が題名に含まれ、場所が特定できるような作品が多いが、中には『天城峠殺人事件』（内田康夫著、角川書店刊）のような、静岡の伊豆半島を主な舞台にしながらも、本県の住田町が重要な場面で出てくる作品もあるからなかなか面白い。

でも、選書していて痛切に思ったのは、今の出版状況を反映してか、近年に出たにもかかわらず既に手に入らなくなった書籍が実に多いということだ。本が消耗品化している現実である。あれもあったはず、こういうのもあったなぁと思考をめぐらす楽しみも急速に色あせたものになった。

まだ図書館は書店と違って保持する機能を備えているからそれなりにフェアを組めるが、濁流のような出版洪水は図書館をも、のみ込もうとしているように感じる。

ましてや、ほとんどの図書館は予算が削られてきており、出版物は大量に押し寄せ、そして消えている。地域の図書館に本当に必要な本を選書する時間はないのが現状である。

今回のフェアには東北６県を写した写真集を添えてみることにした。ご当地ミステリーとご当地写真集の組み合わせである。

写真集は棚に差してしまうとわずかな背表紙しか見えず、面で展示されることがないと内容を知られる機会が乏しくなる。記録性に優れているのは言わずもがなだが、時間の経過とともに叙情や郷愁を誘う媒体に変わることがある。

岩波写真文庫シリーズ（１９５０年代に撮影）などはその最たるものであるが、全点所蔵している図書館は少ない（一関図書館にもない）。

今回のフェアのためにかなりの写真集をひもといてみた。岩波写真文庫もそうだが『東北のアルバムふるさとの記憶』（河出書房新社刊）、『遙かなる詩　大竹省二写真集』（桐原書店刊）、『写真集　親から子に伝えたい昭和の子どもたち』（学研刊）、『写真で綴る昭和30年代農山村の暮らし』（農文協刊）などなど。

写真集を見ていると時間が止まる。ああそうだったのかとか、忘れていたことがよみがえってくることがある。とりわけ昭和の写真集は、便利さを享受できるようになった裏側で何を失ってしまったのかを語りかけてくるような気がする。

次の2点の写真集はぜひ手にとってご覧になっていただきたいと思う。『写真集　老農』（堀忠三、一葉社刊）、副題が『北上高地の生　40年の記録』。もう一点は『まなぐ』（リヴァープレス社刊）、副題が「三上信夫が残した、もう一つの『昭和史』」。

共通するのは北上山地で貧しさにも負けずに懸命に生きぬいてきた人々の姿だ。大仰に言えば「岩手のバイブル」と呼んでも良いのではないかとすら思う。

最近、昭和の写真集を見ていて気にかかった写真に「エンツコ」の写真がある。わらで編んだ乳幼児を入れる籠である（エジコと呼ぶ地域もある）。祖母が犬のために作って犬小屋代わりとしていたことを思い出した。

そのネコ用の「エンツコ」が大人気なんだそうで、何年待ちという状況であるらしい。『猫つぐらの作り方』は誠文堂新光社から6月に発売されたばかりで、初めての「エンツコの作り方」本でもある。

2016/10/23

出版不況と図書館──読者獲得は工夫次第

過日、希望郷いわて国体のバスケットボール競技を観戦してきた。

東山総合体育館での成年男子2回戦と3回戦。一関総合体育館では少年男子決勝と成年男子決勝の2試合を見させていただいたが、将来の日本のバスケット界を担うだろう逸材のプレーを十二分に堪能させていただいたと言ってもいいだろう。

実を言うと46年前の岩手国体では、やはりバスケットボールの会場は一関市であり、僕もバスケット経験者ということで会場係として参加させていただいていた。主にモップでコート上の選手の汗を拭く作業ではあったが、間近で一流選手のプレーを見られた経験は今でもくっきりと思いだせるほど鮮やかである。その中には後の日本バスケット界の中心選手になった北原憲彦氏がいたことも含まれる。

当時の会場は市内のいくつかの高校の体育館を使用し、メーン会場が旧一関体育館であった。決勝は当然メーン会場である旧一関体育館であり、その盛り上がりやどよめきは今でも耳に焼き付いている。当時の方が熱かったような気もするが、ただ単に自分が若かったせいなのかもしれない。

その体育館を壊した跡地に今一関図書館が建ち、そこで自分が働いているという偶然。馬齢を重ねただけなのかもしれないが、時の移り変わりの速さに驚いている。

最近になって目立ってきたことなのだけれど、出版社さんの一関図書館への来館が増えてきている。

書店で働いていたときは、うんざりするほどの出版社の来訪で、自分の時間がつぶされ、いら立ちを覚えたほどだったが、さすがに図書館には来ないだろうと踏んでいた。でも、今の出版状況の悪化のせいなのか、図書館まで足を延ばす出版社は確実に増加している。

娯楽（エンターテインメント）中心の出版活動をする会社は、今でも図書館を出版不況の最大原因としてやり玉に挙げることが多いし、作家もその意見にくみする人が多数いる。新刊の文芸書はせめて半年は図書館では購入しないでほしいという切実な願いもある。文芸書の複本（同じ本を多数入れること）もしないでほしいという要望もある。

個人的な知り合いの作家さんも、立て続けに面白い小説を発表しているのだが、食べられなくて、ついにバイトをするということを知らされたばかりでもある。

でも、本当にそうなのだろうか？

自分が書店で働いていた時には、近くに県立図書館や市立図書館があったけれど、売り上げの増減を図書館のせいには一度たりともしたことがない。自分たちの努力が不足しているからだという認識が常だった。もっと本の素晴らしさをアピールせねばということでさまざまな試みをしてきたが、それが読者の後押しにもつながったように思う。

話は戻るが、図書館へ来る出版社の多くは専門書を発行しているところがほとんどである。今や専門書の発行部数も全盛期の半分ほどの冊数なのだが、それを支えているのが図書館の購入であることは自明のことである。図書館が支えなければ立ち行かない厳しい現実がある。

最近来館した出版社さんも、自社商品のこれだけはそろえておいてほしいというラインナップを片手に、館内くまなくチェックしていた。

一関図書館はどうやら合格していたらしいのだが、出版社さんに言わせると、各地の図書館さんも予算の削減で専門書の購入が減っているそうなのだ。

図書館を測る尺度の一つに「貸出冊数」というのがある。それだけを目標にすべきではないのだけれど、多くの図書館の棚構成には疑問を持っている。

あまりにも棚に本を詰め込みすぎなのだ。ジャンルにもよるのだが、視覚にうまく訴えるように面表示を増やして棚との構成のバランスを取るべきだろう。

開架の蔵書を減らしても、バランスが良ければ「貸出冊数」が劇的に増えるはず。でも、何を面で展示するかは、意外とセンスと知識量を問われることになるだろうけど。

2017/02/19

出版バブル期に相次いだ絶版──郷土本の入手難しく

書店で働いていた時から、郷土の作家や郷土が描かれた作品をこよなく愛し、かつ販売に力を注いできた。それは今でも変わらぬ、本に向き合う時の自分のおきてでもある。

東京の書店で働いていた時、及川和男先生の『村長ありき』（新潮社刊）と出合った。読んで感動したことは言うまでもない。さて、この本を売ろうとしたのだが、店を利用する大多数の人には、岩手のローカルな話題の本は関心を引き続けることが困難であった。

全国からの田舎者の集合が東京という町を作っているので、一書店員の個別な岩手への郷愁は封印せざるを得なかったというのが実情である。ただし、いつかはチャンスが来るだろうと思っていたので、郷土関連本は気が付くたびに購入して読んでいた。

幸いにも岩手へのUターンという形で盛岡の「さわや書店」で働けるようになり、念願の郷土本コーナーを作ることができるようになった。ただ、残念だったのは、そういう思いは他の従業員に見当たらず、中央の大出版社の本と有名作家の本だけをありがたがる傾向にあったことだ。

平成の初期の頃の時代相といったら、まだ出版業界のバブルははじけておらず、出版点数は急速に拡大し、大手出版社員は肩で風を切って歩いていたように記憶する。

　さわや書店は当時はまだ無名に近かったので、大手の出版社、ましてや中小の出版社の営業の人すらも来ず、出版社のお偉方などは皆素通りして他の書店にだけ行っていた。これは皮肉でも何でもなく、ありがたいことであった。郷土の本のコーナーや文庫のコーナー、新書のコーナーなど基礎を作り直す作業にいそしむ毎日であったから、接客に時間をとられないで済んだことは幸いであった。

　私が担当した文庫の最初のロングヒット商品は『遭難渓流』（太田蘭三著、講談社文庫）である。新刊ではないのだが、雫石・葛根田川を舞台にした山岳ミステリー小説である。ＰＯＰ（ポップ）を使用、おそらくほとんどの人が読んではいないだろうという推論の基に展開した。

　これが売り上げを伸ばし、他にも関連ある作品だったり、売り上げの下位銘柄をＰＯＰを使って販売を促進したりと、一味違う販売演出を試みた。その結果、対前年比２００％近い数字が達成できた。この数字を作ることで次の展開が可能になったし、郷土本やその関連本を販売戦略の重要な位置に備えることができるようになったのである。

　しかし、逆説的だが、書店時代にできなかったことの一つは、まさに郷土の出版物のフェアなのであった。簡単にやれそうでいて、実はできなかったのである。

　大きな理由としては著作がすぐに絶版になってしまったということが挙げられる。地元の本でも例外なく、すぐに手に入らなくなってしまったのである。出版バブルの最大の弊害は大量の出版とそれに付随して起きる大量の廃棄であり、作品の価値に関係なく機械的に絶版の烙印を押された本の運命なのである。

図書館は予算という縛りがあるので際限もなく郷土の関連本を収集するということはできないが、出版バブル時にその危険性を察知して系統立てて収集しておけば、今の体たらくは免れたのではないか！　かなりの数の書籍が収集の手から漏れ、散逸してしまったように思うのである。

現在、一関図書館では「今、岩手の作家は輝いている」というフェアを行っている（1月27日～3月22日）。およそ30人の現役で活躍している作家たちのフェアである。しかし、かなり不備な点もあり、代表作が手に入っていない作家もいる。例えば冒険小説の大傑作『デッドライン』（角川書店刊）は建倉圭介氏の代表作であり、しかも舞台が盛岡市中央町という作品なのだが、収集しそこなっている。

話は変わるが、卒業シーズンが近づいてきて、偶然なのだが分校を舞台にした小説を立て続けに読んだ。『願いながら、祈りながら』（乾ルカ著、徳間文庫）、『感傷コンパス』（多島斗志之著、角川文庫）、そして『廃校先生』（浜口倫太郎著、講談社刊）。教育の原点は描かれているように思った。「甘い」とは言われそうだが、とりわけ『廃校先生』はぜひ読んでいただきたいと思う。

2017/06/11

「線型」読書のススメ——一冊から広がる世界

読書には「点と線」という二つの型がある。松本清張の推理小説のタイトルのようだが、説明するとこういうことである。

例えば有名な賞を取った作品、例えばテレビ化・映画化が決まった作品、例えば著名作家の新刊、例えば書店店頭でPOPを見て読みたいと思った作品、例えば新聞の書評で知った本。「あっ、この本は面白そうだな」と、あるきっかけがもとで自分が判断して購入なり図書館で借りて読む本は「点型」と言える。

この「点」が多く積み重なるとベストセラーと呼ばれ、それが長期間持続するとロングセラーと呼ばれるようになる。

では、「線型」の読書とはどういうものかと言うと、ある本を読んで感銘を受けたりするとその世界観なりその本が生まれた背景を知りたくなり、同じ作者の違う本やその本を書くに際して影響を受けた参考文献などを読むことを指す。一冊の本からどんどん世界が広がってゆく読書の仕方である。

この「点型」の読書と「線型」の読書がバランスよくいけば読書が楽しくなるのは確か

であるが、近年「点型」の読書だけが増えてきているように思う。読書はしたい、でもスカはつかみたくないという心理なのか。それでいてベストセラーを読んだ方の意見はたいがい辛辣（しんらつ）であり、一番多いのが「つまらなかった」という身もふたもない感想である。

万人受けする本なんてあるわけないし、そもそも読者の人生の経験値が千差万別なのであるから読書の感想なんてそれこそ違って当たり前で、「つまらない」にもさまざまなバリエーションがあるだろうとは思うのだが。

さて、今回は自分が昨年からはまっているジャンルの本を紹介しようと思う。タイトルがものすごく長いのだが『ごめんなさい、もしあなたがちょっとでも行き詰まりを感じているなら、不便をとり入れてみてはどうですか？　～不便益という発想』（川上浩司著、インプレス刊）という本である。帯の文には「不便は手間だが役に立つ」とあり、現代社会のものさしからは「不便」と思われがちなことに「益」を見いだすのが不便益という発想ですという簡単な説明から本文は始まる。

現代は「便利」が行き過ぎた社会ではないかという思いは個人的にずーっと抱いており、スイッチ一つで電化製品がつけられたり、冷暖房ができたり、お風呂を沸かせたりと、内部のシステムを全く理解していなくてもその成果を十分に享受できることは確かに楽であり「便利」そのものである。

しかし、システムダウンした時には個人の能力では対処できないという欠陥が裏側にあることはさまざまな経験からも知らしめられた。東日本大震災はその最たるものであったが。

この本のテーマになっているのは「便利」は「豊かさ」とイコールなのか、また「便利」は「幸福」とイコールなのか、そして「便利」は本当に「便利」なのかということで、繰り返し問われている。その中にバリアフリーの発想とは逆の施設が紹介されている。移動経路に段差がなく手すりがあるバリアフリーは確かに便利だが、身体能力は衰えるので、あえてバリアをそのまま残すことによって身体機能を回復させるとその施設はうたっている。

『ふじようちえんのひみつ』（加藤積一著、小学館刊）は「ごめんなさい〜」で紹介されていた本。子どもにちょっとした「不便」を体験させることによって健全な発達を促す幼稚園の話。定型的な表現だが「目からウロコ」の本だ。

そして『「便利」は人を不幸にする』（佐倉統著、新潮選書）は進歩を続ける「便利」と「幸福」のほどよい着地点を探す本。『何もなくて豊かな島』（崎山克彦著、新潮文庫）はモノに縛られない、お金にとらわれない生活の豊かさを描いている。

さて、最近の自分の読書の傾向というか「線」をたどってゆくと、『世界でいちばん貧しい大統領のスピーチ』（汐文社刊）に行き着くような気がする。ウルグアイの前大統領ムヒカ氏の生活や考え方を描いた絵本だ。政治の世界でトップに立つ人のまっとう過ぎる意見と生活ぶり。手間ひまをかけて「不便」を楽しむ姿に大げさなようだが希望を感じてしまうのである。

2017/10/01

感傷的な秋には詩集を――文学で季節感を演出

夏の輝きを見せぬまま今年の夏は終わった。しかし、彼岸を過ぎたというのにセミが名残惜しそうにまだ鳴いていて、秋の虫の声が優勢な中では少し寂しく感じてしまうこの頃である。

ヒグラシは夏の初めから盛夏にかけて鳴く。夏の訪れを知らせてくれ、夕方に鳴いているのを聴くと無常感のようなはかなさを感じる音色でもあり、日本の夏の音の風物詩には欠かせない。

時折、季節外れにヒグラシの声を聴きたくなることがある。その時に真っ先に思い浮かべるのは藤沢周平の作品『蝉しぐれ』である、苛烈な運命に翻弄（ほんろう）されながらも成長する少年藩士を描いた小説で、淡い恋があり、友情があり、永遠の別れが描かれていた。何度かテレビドラマ化もされており、録画していた映像を見ると、重要な場面にはヒグラシの声が時雨のように降り注いでいた。

ラジオを聴いていると、流す音楽が季節を感じさせる選曲になっていることが多い。季節を織り込んだ楽曲が豊富であることが理由ではあるが、歌詞がメロディーに乗って自然と頭に入り込んできて、知らず知らず覚えこんでいることがある。

また、音楽とそれを聴いていた時の暮らしが一体となって記憶され、音楽を聴くだけで「あの頃」の情景が浮かんでくることもある。

本と違って音楽の優位さは耳から情報を取り入れることができるという点にあり、繰り返し流されることで記憶が強化されるのだろう。

書店で働いていた時は、本でも季節感を演出しようと心がけていた。雑誌は季節を先取りしているのが常だが、小説では題名に季節の言葉が入っているものや内容がその季節にふさわしいものなどを選書して並べていた。

『素朴な琴』
この明るさのなかへ
ひとつの素朴な琴をおけば
秋の美しさに耐えかねて
琴はしずかに鳴りいだすだろう

この作品を所収している八木重吉詩集や「また落葉林で」などの詩を書いた立原道造詩集などは秋の定番であった。少し感傷的になる秋は詩集をいつもお薦めしていた。

冬は立原正秋の『冬の旅』『その年の冬』を中心に、新田次郎の冬山ものなどをそろえた。

そして春の本であるが、別れと出会いのシーズンでもあるので選びきれないほどたくさん存在し、困る季節でもあった。しかし、本当にお薦めしたい「ある本」は何十年と絶版が続き、幾度も出版社に再版をお願いしたのだが断られ、もう二度と日の目を見ることはないのだなと諦めていた。

みずみずしい思春期の恋と成長を描く。戦後が落ち着き始めた頃が舞台で、今の価値観とはかなりズレがある小説ではあるのだが、胸がキュンとなる小説『春の道標』(黒井千次著)がその本である。

それが、なんとこの夏、小学館から復刊したのである。およそ30年ぶりの復活劇であった。

「遠くへ行きたい」という曲が最近、しきりに脳内を流れている。

♪知らない街を歩いてみたい
どこか遠くへ行きたい
知らない海をながめていたい
どこか遠くへ行きたい
遠い街　遠い海
夢はるか　一人旅
愛する人と巡り逢いたい
どこか遠くへ行きたい♪

永六輔作詞、中村八代作曲、ジェリー藤尾の歌である。

この曲の影響で、つい読み始めた本が『「男はつらいよ」を旅する』（川本三郎著、新潮選書）。本の中で寅さんと一緒に旅をし始めた。

昨年、永六輔さんが亡くなり、ラジオを聴く楽しみが少し減ったなと思っていたら、最近お孫さんの永拓実さんが『大遺言』という本を出された。それを読んだら、「ああそうだったのか」という家族しか知らないエピソードが満載で新たに永六輔さんの魅力を再発見することができた。

「見上げてごらん夜の星を」の歌は、集団就職で都会に出て、働きながら定時制高校で学ぶ高校生のために作った歌なのだそうだ。優しい言葉を使って、それでいて胸に染みる作品を作り続けた永六輔さんに感謝したい。

2018/01/28

〝本屋さん〟を取り巻く現状――「生命線」崩壊で苦闘

図書館関連の本は読もうとは思わないのだが、書店のことを書いた本には無条件に反応して購入してしまう。

『「本を売る」という仕事』（長岡義幸著、潮出版社刊）もそんな一冊で、一度さらっと読み終え、二度目を読み始めたところだった。それが1月21日付の岩手日報の「郷土の本棚」のコーナーを見てびっくりしてしまった。出版されたばかりというのに紹介されているではありませんか。

「震災を超えて」の見出しで第5章が構成されているが、東日本大震災の被災地の書店として岩手からは6店舗が取材され本書に登場している。そこが「郷土の本棚」で紹介された理由だったのだろう。並大抵な苦労ではなかったはずで、第5章を読むだけでもこの本を手に取る価値があるだろう。

この本が今までの書店を描いた本と大きく異なるのは、東京や大阪という大都市の大型店舗や全国チェーンなどをあえて取り上げず、地域に根ざしたどちらかというと小さな〝本屋さん〟を取材対象に選んだことである。

しかも2年間という時間をかけて全国を回り、100もの書店を徹底取材して書かれた本であるということである。大型店舗もさまざまな問題を抱えてはいるが、町の小さな〝本屋さん〟に、より深刻な問題がシワよせされているのが現状であり、問題自体はずいぶん前から指摘されてきた。

ただ、業界内にさまざまな思惑があり、抜本的な解決策を先送りしてきたツケが顕在化して今がある。著者は業界新聞の記者をしていただけに、表層の部分を超えてかなり踏み込んで取材しているように思う。本書に出てくる数字もかなりシビアであってピーク時(1996年)から20年以上経過して売り上げがほぼ半減している実態を描いている。

戦争を経て、新しい日本をつくる心と頭の栄養素として出版物が求められて既に70年が経過した。日本の出版物の流通はまず雑誌ありきで、それに書籍が乗っかる形で発展してきた。書店もまず雑誌の販売が基本にあり、一日の仕事始めは雑誌の荷ほどきから始まるのが今も変わらぬルーティンワークである。

しかし耳目を集めるのはいつも書籍であり、今回の直木賞・芥川賞などは岩手県絡みということでもあり、連日、新聞・テレビをにぎわしている。ベストセラーで戦後史を見るなどという企画の本もあり、書籍が出版物の王道という考え方に自然と皆なっているように思う。

でも町の本屋の立場で見ると、いささか違うのである。コミックスと雑誌を合わせた売上げ構成比は60％以上もあり、依存度は非常に高い。確かにベストセラーの書籍も必要であるが、雑誌、コミックスが安定して売れてくれるのが一番うれしいことなのである。

本の情報を得るのにＳＮＳを利用している。主にツイッターを使い、出版社、書店、図書館、問屋、著者をフォローしてはさまざまな情報を得ている。しかしこのＳＮＳの情報に近頃異変が生じている。まず書店からの情報が極端に少なくなったことが挙げられる。数年前の過剰なまでのコミックスへの思い入れや独自のフェアの開催の知らせなど積極的でオープンな情報が消えてしまった。また書店員のお薦め本情報なども見かけなくなった。

何が原因なのだろうかと考えていたのだが、今までのような売り上げ不振ではなく、どうやら地の底から崩れ落ちるような販売不振に覆い尽くされてしまったらしい。小さな本屋さんの生命線であるコミックスと雑誌が極端に売れなくなってしまったというのが本当の原因らしい。

もう出版不況ではないのである。とめどなき崩壊である。おそらく『「本を売る」という仕事』という本の取材が終わったあたりから、急速に崩壊しだしたのだろう。この本が〝墓碑銘〟にならなければいいなと願っている。

ウインタースポーツは苦手としていて、はっきり言ってよく分からない。ましてやオリンピックに出場するレベルはすごいということは理解できるけど想像外である。

そんなオリンピックに隣の家の子がスノーボードで代表に選ばれた。休み中もランニングをしていたり努力している姿は目にしていたが、それにしても……。平昌（ピョンチャン）で輝け！

2018/05/20

消えていく小出版社——多様性を失う危機感

記憶の隙間からどうしても取り出せない文章がある。小学校の高学年時に読んだものか、中学校に上がってから呼んだものか。教科書であったか、副読本であったか、それすらももう定かではないが。でもその影がふっと心をよぎる時、懐かしさというものに胸が締め付けられる。

芥川龍之介の『トロッコ』という作品にもやはり似たような郷愁を感じ、折に触れて読み返している。文庫本はボロボロになり、ついには全集を購入して芥川の文体に浸るということを繰り返し行っている。内容もそうなのだけれども、作家の文体というものに強く引かれている。

高校時代から本を読み始めたが、外国文学中心の乱読生活であり、本を選ぶ尺度はとにかく長い物語であり巻数がたくさんあるものというのがその時の基準であった。『カラマーゾフの兄弟』とか『チボー家の人々』とか『ジャン・クリストフ』などなど。今ではとてもそんな読書は考えられないし、長い物語を読む体力が失われている。物語の深さや展開のダイナミズムに心を動かされたのも若かったゆえなのかもしれないが、貴重な経験だったと今にして思う。

さて、乱読時代を経た後、20代の終わりのことだったと思うが、ある作家と出会って多大な影響を受けることになる。大げさに言えば読書における生涯の師に出会ったと言えるのかもしれない。

故・串田孫一氏がその人である。氏は月に一度は当時自分が働いていた書店に寄ってくれて、さまざまな話をしてくれた。ＦＭ東京の番組の録音を終えた後、必ずのように立ち寄ってくれたのだ。氏の本は何冊か読んで感銘を受けていたので、一言も聞き漏らすまいと常に緊張のなかで話を聞かせていただいた。

そこから『アルプ』（串田孫一編集）という山の雑誌の、他の寄稿者の方々の本にも触手が伸び、辻まことや尾崎喜八の本にまで読書が広がることになる。

『アルプ』の同人たちの文章にはやはり串田氏と同じような匂いが漂っており、文章に気品があり表現が美しく、読むと心が落ち着くということが共通点として挙げられるように思う。立原道造や室生犀星などの詩人にも通じる文章の美しさと文体であった。

それからの自分の読書は一変する。新刊のさまざまなジャンルを読んで内容を分析するということは職業柄変わりは無かったのだけれど、休日は古書店巡りをして串田氏の本を探し出しては読んで浸るという日々を送った。まさに耽溺（たんでき）するという言葉がぴったりするくらい読みふけった。

話は今の出版状況に変わる。いろんなデータを見ると、もうどこにも未来の展望が開けそうにないことが分かる。新しい書店の形態も（ブックカフェとか）、焼け石に水としか思えないのだ。

一時、日本全国どこにも出店した大型店も維持管理するのがおぼつかなくなってきており、また有名店の閉店のニュースも立て続けに駆け巡っている。閉店ラッシュの状態が地方の小さな本屋から町場の本格的な本屋にまで及んできだしたのである。今営業している行きつけの店も、いつ閉店に追い込まれるか分かったものではない、

気付かないふりをしていたけれど、販売する場所が半減したのだから、当然出版物の売上げも半減し、それにつれて出版社も激減していることに今さら驚く。

大手の出版社にばかり目が向きがちだが、ここ20年で4分の1の出版社が消えてしまっている。当然ながらそこで出していた出版物は絶版となり、もう日の目は見ない。

自分が大事に読み続けている本は小さな出版社の本が多く、図書館にもほとんどない。その小さな出版社が軒並みつぶれて無くなっている。大手出版社には大手なりの役割があるが、小さな出版社にも矜持（きょうじ）とこだわりがある。多様性という側面からも今の時代の流れには危機感を覚えるのである。

自分の心の中にかすかに残るかつて読んで感動した本の面影。それを探す旅はまだ終わりそうにない。

2018/09/09

アマゾンの書籍ネット販売台頭──変容強いられる書店

今年の夏は年を取ったせいなのか暑すぎたせいなのか、読書が全然はかどらなかった。目標冊数を決めて読んでいるわけでもないし、義務にかられて読んでいるわけでもない。誰の迷惑になるわけでもないが、高校生の時から続く読書習慣に陰りが差し始めた前兆ということなのだろうか。

手持ち無沙汰が嫌なだけかもしれないが、出かけるときは必ずカバンに数冊本を入れておかないと安心できない性格である。それでいてスマホや財布は平気で家に忘れてしまうが、そこのところの価値観がアナログ世代だとは思うのだが。

読めなくなって気付いたことは、〝本を読む〟という行為は集中力と持続力、忍耐力が必要とされることだ。総じて〝体力〟が必要不可欠と言えることである。

今年の夏の少ない読書の中の一冊に『体力の正体は筋肉』（樋口満著、集英社新書）がある。健康寿命（身体的に自立した生活を送ることができる）を延ばすためにはどうしたら良いかということが具体例とともに記されてあった。失ってから気付くことが多いが、それでも筋力は何歳からでも取り戻すことができるらしい。

興味を抱いた方は実際に本書を手に取ってほしいが、見出しで内容を紹介すると第一章「だれにも避けられない体力の衰え」、第二章「体の動くところに筋肉あり」、第三章「筋肉は使わないとすぐに衰える〝怠け者〟」、第四章「トレーニングは裏切らない」とある。筋肉のうちでも特に下半身と体幹の筋肉を鍛えれば年齢を問わずいつまでも動ける身体になるとも書かれている。私たちの身体は動くことが前提に作られているとも。

本はあまり読めなかったが、気になる新聞記事は追いかけた。某新聞が11回の連載で描いた「資本主義の病巣」のシリーズで、タイトルが「君臨するアマゾン」。今や世界一の大富豪となったジェフ・ベゾス氏率いるIT企業で、インターネットを駆使した利便性と低価格で急成長した。

２０００年に書籍のネット販売で日本に上陸して今や書籍販売の1割を担うまでになっている。上陸に対抗しての全国チェーンの書店の大型化や問屋・書店グループのネット販売など、さまざまな対抗策が図られたが、結果としてすべての策が水泡に帰したように思えてならない。

アマゾンが投じた一石は巨大であり、広がる波紋に多くの書店や問屋がのみ込まれてしまった。まだのみ込まれないまでも変容を強いられている所もある。今現在が着地点ではなく、どこが着地点なのか実はまだ見えてこない。

弱り目にたたり目などと言うが、出版不況と言われ始めてからアマゾンが上陸し、一人勝ちの様相を呈し、書店の廃業は相次ぎ、問屋も次々とつぶれ始めた。

一方で出版点数は増えての高止まりで、年間8万点を超える出版点数も20年に及ぶ。最初は異常事態だと認識していたが、20年も続けばもはや常態であり、過去の方法論はすべて当てはまらなくなっているであろう。今現在の中から理論を構築して現実にどう合わせられるかに生き残りがかかっていると言っても過言ではない。

書店のことはもう僕が考えても仕方がないことだし、なんの影響も及ぼすことはないのだけれども気になる存在ではあり続ける。今でも書店関係者がこまめに連絡をよこすし、出版社、作家の皆さんからも連絡が来る。

先月には長らく書店業界をリードしてきた有名書店が立て続けに9月に閉店するという連絡が来た。暑い盛りに発表されたが「まさか」という驚きと「なぜ?」という疑問に包まれた。「なぜ?」には少し説明が必要かもしれない。というのはそれぞれの書店の背景が個別であり、それなりに強固だったはずだからである。少し気になる動きをしていたことは把握してはいたが。

ネットに代表されるように〝便利〟はそれを享受できる人にとっては考えるまでもなくありがたいものなのだろうけれど、それを下支えする人々の存在を忘れてはならないと思う。

2019/01/13 ――

喪失感とどう向き合うか――「悲哀の仕事」を営む

私事なのだが、この冬法事が続いている。これで終わりであってくれと願っているが、さてこれからが寒さの本番、どうなりますやら。

火葬場に行き、貼ってある案内書やミニ知識のコーナーを見ると、統計的にも冬場が一番亡くなる人が多いというデータが示されている。寒暖の差や寒さが体に与える影響が大きいんだろうなと思う。

図書館のレファランス（参考調査）で、家族を亡くされた人がその寂しさを埋めるための本を紹介してくださいという相談が最近あった。「時間だけが解決しますよ」と言いたいところだが、数冊見つくろってお渡しした。果たしてどうだったんだろう。

『対象喪失』（小此木啓吾著、中公新書）という本がある。出版されたのは古く、今から40年前なのだが、いまだ現役で発売されている。

自分が学生時代にSF小説を耽読（たんどく）した時期があり、その後SFつながりで筒井康隆氏の本を読みあさり、そこから精神分析のフロイト学派の本に行き、小此木氏の著作に出合った。ほとんどの著作は読んだはずだが、ことのほか心に残ったのは『対象喪失』であった。

著者は精神分析医で副題に「悲しむということ」とあるように、愛情、依存の対象を失うという悲しみをどう悲しむかということが書かれている。現代人は人間としての成長、成熟に必須の課題である「悲哀の仕事」から逃げている傾向があると著者は言う。

「悲哀の仕事」とは、失った対象への断ちがたい思慕の情に心を奪われ、怨み、憎しみ、償いの心などが交錯するカオスの状態を一つ一つ体験し、解きほぐしてゆく心の営みのことなのだと言う。「悲哀の仕事」は容易なことではなく、心の中でそれがなされている間は現実に立ち向かう力がそがれてしまうくらい大変なんだと書いている。

祖父母という身近な人を亡くしたのは『対象喪失』を読んでから数年後のことで、人目もはばからず涙を流し号泣した。


最近はお寺に行くことも多くなり、導師様の説教を聞く機会も多々あり、四十九日法要の意味なども教えられているのだが、49日という時の長さと「悲哀の仕事」の時間が重なり合うような気がしてならない。故人を仏の修行者として送り出す時間と、遺族が悲しみを癒やす時間（悲哀の仕事）は釣り合っているのだろう。

「昔とは父母がおわす時」という言葉を何かで読んだことがある。自分にとっては「昔とは父母、祖父母が健在であった頃」のことで、昭和30年代の農村のことがありありと思い出される。使い古された言葉だが、「貧しいけれども幸せだった時代」でもある。そこには両親、祖父母がどれだけ苦労して子どもたちを育てたかは見えていない。子どもだった時代のノスタルジーである。

通夜ぶるまいでは故人をしのんでさまざまな過去のことが語られる。そこでの故人の年に近い年配の方々の話を聞くのは楽しい。道路は当然ながらまだ舗装されておらず、そこを馬車や木炭車が行き交った話だったり、町をバイパスが通ることになり大幅に土地が変更された話だったり、家族の変遷史や故人の生涯、交友関係、飲み友達とのハメをはずした出来事など。すべての死がそうではないのだろうが、大往生に近い死はさほど深刻にはならず、過去に連れていってくれる。

いろいろな人の話を聞きながら、父母や祖父母が元気だった頃に想像を飛ばす。水くみ、風呂たきは子どもの仕事だったな。家族総出の野菜の収穫や麦刈りの体がかゆかった思い出。リヤカーでの野菜の運搬。そうそう、そりを作ったり、竹スキーを作って滑った話など。

昭和時代の農村を撮った写真集を何十冊か購入して見ている。今とは比較にならないくらい生活することが大変だったろうと想像できるが、中でもこの一冊はぜひご覧になってほしいという写真集がある。『遙かなる詩　大竹省二初期写真集』（桐原書店刊）である。新しい本ではないので書店にはありませんが、もしかするとどこかの図書館が所蔵しているかもしれません。モノクロ写真の美しさが際立った写真集だと思います。

2019/04/21

本を巡る「別れ」と「卒業」――大切な人たちを思う

前回の「いわての風」に「悲哀の仕事を営む」というタイトルで個人的なこの冬の法事の多さと、その故人との関係で生まれた喪失感とどう向き合うかというようなことを書かせていただいた。

その原稿を岩手日報社に送った2日後に、本紙で「いつだって本と一緒」のコーナーで本の紹介記事を連載していた岩橋淳氏の訃報を知る。闘病生活のことはやはり岩手日報の記事で知ってはいたが、まさかこんなに早く天国に旅立つとは思いもしなかったことなので衝撃は極めて大きかった。

彼とは東京での書店時代からの付き合いで、ある店の店長を前後して務めたこともある。住んでいるアパートが近かったこともあり、庭に植えていた枝豆が大きくなったときには収穫祭をやるからと呼んでビールを飲み交わしたこともあった。

僕がさわや書店で働き始めて売上げがV字回復して軌道に乗り、その勢いのまま児童書専門店「モモ」を立ち上げた数カ月後に彼が盛岡にやってきてくれた。僕が忙しさに悲鳴を上げていたときに彼が「モモ」のスタッフを鍛え、さわや書店の柱の一つにまで育て上げてくれたことの功績には感謝の念が堪えない。謹んでご冥福をお祈りいたします。

春は卒業と別れの季節でもあるが、もう一つの「別れ」から記してみたい。作家であり一関図書館の名誉館長を務めていただいた及川和男氏が3月10日に亡くなられた。僕が書店で働き始めてすぐに出会った『村長ありき』（新潮社刊）はいまだに繰り返し読む本の一つで岩手のバイブルとも言える一冊。何度か品切れになり、その度に及川氏に連絡をとって本人の手持ち在庫を送っていただいて販売したりもした。

そんな及川氏とまさか図書館で一緒に働く日が来るとは夢にも思わなかったことである。講演も聴かせていただいたし、何より身近で謦咳（けいがい）に接することができたことがうれしい。岩橋氏のときもそうだったが、仕事のスケジュール上、火葬にだけ列席させていただいた。

さて「卒業」である。年配の方はダスティン・ホフマン主演の映画「卒業」を思い起こすかもしれないが、本を扱う身としては重松清著『卒業』（新潮社刊）を挙げておきたい。それぞれの「卒業」に臨む家族の物語が描かれている。「まゆみのマーチ」「あおげば尊し」「卒業」「追伸」の4話構成であり、いずれ劣らぬ感涙の話。

「卒業」でもう一つ。去る1月27日に紫波町図書館で「真冬のトークイベント」が開催された。「本との出合いにまちの本屋ができること」というタイトルで、さわや書店員（当時）の長江貴士氏、松本大介氏、田口幹人氏、そして僕の4人が参加して行われた。

自己紹介から始まった会場が、現役書店員3人の突然の退社・卒業の発表で悲鳴が上がり、少し騒然となった。僕もちょっと前に知ったばかりだったので、「さわや書店を卒業します」

との３人の相次ぐ告白に驚くのは無理もないことだろうなとは感じた。

後日、同町図書館の手塚主任司書が当日のイベントをまとめた冊子とその時の模様を映したＤＶＤ―Ｒを持ってきてくれたので、何度か再生して見ている。彼ら３人の成長ぶりが誇らしく思うし、３人の化学反応がいろいろな企画を生みだしたんだなということがよく分かる。台本も打ち合わせもなかったのに、ひいき目を引いても面白いトークイベントになっていた。企画していただいた同図書館の皆さまと工藤館長にこの場を借りてお礼を言いたい。最初で最後になる４人のトークイベント、ＤＶＤ―Ｒの著作権はどこに存するのだろう。

最後に桜に関する本の紹介を２点。『桜の下で待っている』（彩瀬まる著、実業之日本社刊）は桜前線とともに東北新幹線で北上する人たちの話。第４話「ハクモクレンが砕けるとき」は舞台が花巻市で賢治記念館も登場。『抱き桜』（山本音也著、小学館刊）は和歌山の紀州が舞台。『紀ノ川』という有吉佐和子さんの名作もあるが、戦争の傷跡残る時代に、少年２人のヒリヒリした友情と秘密に桜の残酷なほどの美しさがオーバーラップする小説になっています。

2019/07/28

大人に薦める闇鍋的な読書――変化試すきっかけに

通勤は車を利用しているが、行き帰りの車中は基本的に音楽を聴いている。別に詳しくはないのだけれどジャズを聴いていることが多い。最近はちょっと古いけれど鈴木章治とリズム・エースの演奏にはまっている状態である。クラリネットの音色がとても心地よく、クラリネットと言えばベニー・グッドマンも大好きで映画を見てファンになった口だが、それに勝るとも劣らない演奏と「鈴懸(すずかけ)の径(みち)」などのメロディーに身を浸している毎日である。

そんな毎日であったが、先週から音楽はかけず、窓を開けてヒグラシの声を聴くようにしている。いつのまにか鳴き出した「カナカナカナ」の鳴き声が少年時代の夏休みや、在りし日の家族の情景などを思い出させてくれるのだ。

どこか哀愁を帯びた鳴き声。盛夏はミンミンゼミとアブラゼミの独壇場だが、いつのまにか鳴き声が絶えていることに気付かされる、そのひっそりとしたヒグラシの退場の仕方も引かれるゆえんである。

『蝉しぐれ』(藤沢周平著)を読み返すのはそんな時だ。藩の政変によって養父を切腹で亡くした牧文四郎は、遺骸を荷車に積んで1人で連れて帰ってくる。帰る道々で冷たい視線を浴びせられ、あざけりの言葉も投げかけられるが、坂道に差し掛かるとどこからか友が現れて押してくれ、また淡き恋心を抱く〝ふく〟が一緒に引いてくれるのだ。その3人に蝉しぐれが降りかかる。

藤沢の代表作であり舞台、テレビドラマ、映画にもなった不朽の名作である。最終章の〈蝉しぐれ〉では、〝ふく〟との再会とありえたはずの2人の来し方を思う気持ちがとても切なく胸が締め付けられる思いがする。

さて夏休みです。一関図書館では「大人のための福袋」の企画展示がスタートしました。子どものための「福袋」の企画は年末などにいろんな図書館で行っていますし、大人向けのも既に行っている図書館が多々あります。でも一関図書館では初めての企画ですので選書には頭を悩ませました。

なるべく普段借りられていないような、それでいてこの内容ならお薦めしたいというような本を選んだつもりですが、いわば闇鍋のようなものですから借りるにも少し勇気がいるかもしれません。

読書は読むほどに傾向が定まってきてなかなか違う作家に手を出しづらくなってくるものです。変化を受け入れるにはきっかけが必要だと思うのですが、それを試していただきたいと思っています。

とりあえず100セットを用意しました。ジャンルは小説を中心に現代物、時代小説、海外小説の大きく3種類で内容に少し触れたコメントをつけていますので、まったくの闇鍋状態ではありません。どういう反応があるか楽しみにしています。

昔の子どもたちは川が大事な遊び場所で、特に夏休みにはほとんどの子どもが川で泳いだり魚を捕ったりして日がな一日暗くなるまで遊んでいました。大人は働くことで精いっぱいで今のように子どもをどこかの遊びの施設に連れて行くなんてことはほとんどありませんでしたから、子ども社会がキチンと機能して小さい子から高学年の子まで一緒に遊んでいたものです。

そんな今は廃れてしまったと思った子どもたちの川遊びを扱った小説『川の名前』(川端裕人著、早川書房刊)は今の時季にこそ読んでほしい本の1冊。もう1冊のお薦め本は『おらが村』(矢口高雄著、ヤマケイ文庫)。復刊を待ち望んでいたシリーズで著者の故郷である秋田県の西成瀬村(現横手市)の山間の寒村での生活が描かれています。

民俗資料としても一級品だと思います。いろんな農機具がどのように生活の場で使われたか、昔の家の中の様子など、もう失ってしまったものが作品の中からよみがえります。

ただ残念なことが一つ。掲載されていたのは週刊誌でしたので絵も大きくて綺麗でしたが、復刊は文庫版なので文字も小さく、せっかくの絵もちょっとつぶれていることかな。

2019/11/17

色づく柿にこだわり――心に染みる本の影響

柿が色づいている。柿がなっている姿を見ると子どもだった頃のことを懐かしく思い出す。自分の住む地域ではまだかやぶき屋根の農家が主流だった頃のことで、町場の家々は瓦ぶきの家とトタン屋根の家が混じり合い、モルタル造りの商家が少しずつ増えていった頃のことである。

11月の山々は紅葉や黄葉に彩られて山が燃え、秋の中心的景観であることは間違いないだろう。しかしなぜか自分の記憶には、かやぶき屋根の家や瓦ぶきの民家の側に植えられている柿の実の色が秋の風景に欠かせない光景となって染み込んでいる。

当時の田舎の子どもにとって実を食べられる植物は貴重なもので、季節ごとにどこで何が採れるかの情報は子ども社会では広く共有していたものだ。中でも柿は、渋柿が多かったが、甘い品種には目ざとく仲間が集まっては持ち主に断っては食べていた。

個人的になぜ柿にこだわるのかというと、本の影響も多分にある。『柿の木のある家』（壺井栄著、偕成社刊）は愛読書であり、児童書であるが今でも繰り返し読み返している本。杉みき子氏の『小さな雪の町の物語』（童心社刊）には「きまもり」という柿の木が出てくる短編があるが、「なりくだものは全部をとることはせず必ず何個か木に残すもの」という祖母の話を、家にいることが大好きだった3姉妹の長女である加代が自分の身に置き換えて、嫁がずに婿を迎えて家を守るという内容の話でとても心に残っている。挿絵の佐藤忠良氏の絵コンテもまた興趣をそそった。

詩では吉野弘氏の『叙景』という作品集に「夥しい数の」という柿をモチーフにした作品がある。

夥しい数の柿の実が色づいて
痩せぎすな柿の木の華奢な枝を深く撓ませています

千手観音が手の先に千人の赤子を生んだとしたら
こんなふうかもしれないと思われる姿です

枝を撓ませている柿の実は
母親から持ち出せる限りを持ち出そうとしている子供のようです

能う限り奪って自立しようとする柿の実の重さが
限りなく与えようとして瘠せた柿の木を撓ませています

晩秋の
赤味を帯びた午後の陽差しに染められて

毎年の冬支度の始めとしてつるし柿作りを終えたばかりである。

夏から秋にかけて一関図書館では「福袋」という企画が行われた。英字新聞で手提げ袋を作りその中に２冊ほど本を入れて閉じ、中身が見えないようにして貸し出すという内容の企画である。児童書では年末にもう幾度か試みた企画なのだが、一般書では当館では初めてのことである。袋に何にもヒントがなければ借りることを躊躇するだろうと思い表題的なものを付けて貸し出した。

選んだ本人が驚いたことだが、短期間で１００セット以上が借り出され企画は早々に終わりになった。目新しかったからなのかどうかは分からない。ただし選んだ基準としては、借りられる機会が少ないが内容には自信があるという本を選んだつもりであるが、どうだったんだろう。

企画が一応終わりホッとしていたら移動図書館車でもやりたいと新たな企画が立ち上がってきた。しかも事前に感動した本や好きなジャンルなどを用意したアンケート用紙に書き込んでもらい、その人個人個人に合わせて福袋を作り貸し出すという一歩進んだ企画だった。まるで北海道砂川市の「一万円選書」(注)のいわた書店さんではないか。店長の岩田徹氏の仕事ぶりはテレビの特集番組で拝見して感心していたが、「う〜ん、できるかな」と少したじろいだのは秘密だ。

本を薦めることはとても難しい。付き合いが長くなり読書履歴とか興味の傾向とかがわかると薦めやすくはなるが、それでもなかなか賛同を得られないときが多い。だからこそ本の世界の多様性と深さは面白いとも言える。

（注）1958年創業の「いわた書店」の岩田徹氏が客一人一人に合った1万円分の本を選び郵送するサービス。10年以上前から始めたが大人気となり応募が殺到している。

『岩手日報』２０２０年（令和2年）３月6日掲載より

先月亡くなった一関市立一関図書館副館長の伊藤清彦さんは、盛岡市のさわや書店でベストセラー発掘や先駆的ＰＯＰ広告を手掛け「カリスマ店長」として全国に知られた。同書店員時代、伊藤さんと志を共にした楽天ブックスネットワーク事業開発本部事業開発部シニアマネージャーの田口幹人さん（西和賀町出身）が追悼文を寄せた。

豊かな本へ導く灯台
～師匠・伊藤清彦さんをしのんで～

楽天ブックスネットワーク事業開発本部
事業開発部シニアマネージャー
田口幹人

「一つの側面だけから捉えた視点だけで考えることで物事を判断して立ち止まることは、危うさをはらんでいると思う。だからこそ、自分自身で違う視点に出合い、あなた自身の喜びや、考える力を手に入れることが必要なのだ。それをかなえるのに最も有効な手段が本を読むこと、いわゆる読書ではないだろうか。一冊の本は、時代も場所も超え、僕たちをさまざまな場所に連れて行ってくれる。そんな本の豊かさを多くの人に知ってもらうってすてきじゃないか？」

26年前、盛岡市の居酒屋で初めて飲んだ際、伊藤清彦さんがお話されていたこの言葉が、僕の書店人としての礎となっている。

書店員時代には、店頭広告であるPOPを活用し、数多くの本と読者の出合いの場をつくり出した。そして、図書館に移ってからも、自身の読書体験を、どこかの、誰かの次の一冊に出合ってもらうために役立ててもらうことに尽力した人だった。

どの本を何冊売った。1カ月に何冊本を読んでいる。何年連続貸出冊数県内1位の図書館の運営に携わっている——。書店員時代も図書館にお勤めになってからも、伊藤さんは数字で語られることが多かった。どのメディアも、伊藤さんの本質には触れず、実績を強調し彼を評することが多かった。

岩手という大地に根差し、本によってその地を豊かにすることを実践し続けた彼を、観察者の視点と評論家の視点という二つの視点で切り取ったジャーナリスト石橋毅史氏の『「本屋」は死なない』（新潮社）が伊藤さんの本質にかなり近いものだったと感じている。

生前、彼が最も愛した一冊は、獣医の田舎暮らしの日常を第二次世界大戦時の苦しみにユーモアを交えて描かれたジェイムズ・ヘリオット著『Dr.ヘリオットのおかしな体験』（集英社文庫）だった。美しく楽しい思い出は、暗い時代においても人を温めることができることを教えてくれた一冊だった。彼が、この動物と人間の営みを描いた本にたどり着く前の一冊がある。

それは、同じ旧東磐井郡出身の村上昭夫詩集『動物哀歌』だ。生前、最も彼の口から名前を聞いた詩人であった。『動物哀歌』は、動物に対する哀歌ではなく、動物の営みを媒介とした人間哀歌だといい、収録されている作品を暗唱しながら酔っぱらっていた姿を思い出す。

岩手という地で、「これまで」と「今」の読者だけではなく、「これから」の読者のために、「今」読んでいる本と同じくらい、「次の本」との出合い方を知ることを大切にした人だった。本を売ることも貸すことも、形は違えども、彼の中では同じプロセスを経たあとで生まれる行動であると感じていたのだろう。

彼の豊富な読書体験は、岩手の、誰かの、新しい次の一冊に出合うための灯台の明かりのようなものだったのではないだろうか。

お別れをする前に、一関図書館を訪れた。書架のあちこちに灯台の明かりを見つけることができた。その明かりは、また誰かの次の本を照らしつつながれていくのだろう。

第3部

追悼

伊藤清彦さん

「本先案内人」伊藤清彦さんを悼む

前紫波町図書館長　工藤　巧

バンカラ読書家

「1週間に8冊本を読んだじゃーっ！」

ボソッとつぶやく声に思わず振り向くと、そこには岩波文庫と思しき小型の本を手に持った、いがぐり頭の同級生がいた。野太い声の持ち主は、こわもて風だが、穏やかな目付きで私を見て

「おめぇは本読まねのが！

点取り勉強ばかりしていたら、人生つまらねゾ！」

と言っているかのように微笑んだ。とても文学青年には見えないバンカラ風体が、週8冊もの本を読破するほどの読書家だったとは、そのときまで露知らなかった。受験勉強ばかりに勤しみ、読む本と言えば学習参考書だけの私は、額に拳骨を食らったような激しい衝撃を感じた。今までの友人とはまったく異質の、汗臭い学生服の猛者がとても眩しく見えたの

だった。

伊藤清彦さんの訃報を聞いたとき、真っ先にあの高校2年生の昼下がりのシーンを思い出したのは何故だろう。それには理由がある。『岩手日報』紙に掲載された記事と写真から、伊藤さんと同級生のイメージが重なり合い、既に脳裏に刷り込まれていたからだ。伊藤さんのことが話題になるたびに、あの昼下がりのシーンが蘇るようになっていた。

初めて出会う旧友

私と伊藤さんの出会いはわずかに4回だけ。すべて紫波町図書館で行われた催しによるものだ。もしかして、盛岡の書店で遭遇していたかもしれないことを除けば、それ以前は1度も会ったことはない。あの昼下がりのシーンと、失礼ながら、何故「カリスマ店長」と評価されているのだろうかと、漠然とした思いだけがあった。

初めて伊藤さんに会ったときは、懐かしい友に再会したような感情を覚えた。あの穏やかな眼差しが恵比須顔からこぼれ出していて、一瞬にして、「カリスマ店長」であることを理解した。新聞写真は、解像度により大きく印象が変わることがあるということだろう。

選書の達人を招いて研修会

平成26年の暮れ、司書の研修会を行ったときのこと。開館間もない紫波町図書館では、司書の能力向上が喫緊の課題となっていた。そこで、このとき既に書店を退職して、一関市立図書館大東館長に就任していた伊藤さんを講師に招き、研修会を開いた。

テーマは、公立図書館の永遠の課題である「選書」とした。予算が削減されるほどに、選書の重要性が増す。それに気付いている司書はどれほどいるのだろうか……

講義の中で、特定分野の得意な出版社を列挙したNDC分類表を教示される。書店時代に築いた出版社との深いつながりがあるからこそできたものだ。「見計らい」で仕入れている図書館にはできないことだ。伊藤さんは、司書資格取得課程では決して教わらない「選書」と「接遇」の基礎を紫波に伝授してくれた。

本先案内人

図書館では、利用者の関心を高めるサービスを展開している。講演会もその一つ。伊藤さんには「真冬のトークイベント」に2度出演していただいた。

平成27年1月、出版社の石井伸介さん（苦楽堂）の協力を得て開催。伊藤さんに加えて早川光彦さん（富士大学教授）との鼎談、「面白い本と出合う方法」は、本好きの聴衆で満席となる。3人の本に対する造詣の深さは、正に本のことを分かっている、本の海を渡る航海士とも言うべき「本先案内人」であることを証明し、参加者は、大いに満足したように見えた。最も楽しんだのは、伊藤さん自身のように思われた。大好きな本について、「本」友と胸襟を開いて語り合えたのだから。この背景には、育った地域が関係しているかもしれない。3人とも伊達藩の地の出身だ。共通の精神風土が話題を共振させ、会場を盛り上げていた。

2度目のトークイベントは、平成31年1月、伊藤さんと3人の書店員（田口幹人さん、松本大介さん、長江貴士さん）とで行われた。3人の書店員は、カリスマ店長の指導よろしきを得てカリスマ店員と呼ばれていた。４人のカリスマは、各々著作本があり、そのトークは、前回にも増して興味深く、終了後に行われた各自の推薦本販売会は盛況で、書店と図書館の新しい関係を示した。

夢を忘れない

東北地方、特に岩手の図書館活動が低調に思えるのは、自然のソーシャルディスタンスが広すぎるからかもしれない。しかし、頑張っている館や司書がいることも事実だ。

年号が令和に変った12月、司書が各地に呼びかけて独自に勉強会を開いた。青森、秋田、福島など県外からの参加者もあり、総勢33人が紫波町図書館に集まった。やはり、伊藤さんのネームバリューは大きいなと思った。それと同時に、勉強熱心な司書が多いことに驚く。また、少なからず非常勤司書の参加があり、図書館の行く末に不安を覚えた。終了後のお茶会では、伊藤さんを囲み質問攻めにしていた。私は３つ目の課題（岩手の図書館事情）を話したいと思っていたのだが、その様子に遠慮した。次の勉強会が企画されていたので、その時まで待つことにしたのだが、これでお別れになるとは、思いもよらなかった。

あれから2か月後に急逝するとは、何という人生の綾だろうか。もう恵比須顔の穏やかな眼差しに会うことはできないのだ。古い同級生を失ったように悲しく寂しい。今はただ、伊藤さんの冥福を祈り、本先案内人に勧められていた『おらが村』を読んでみようと思う。

本に関わる人達の思いや苦労を知っていた方

一関市立室根図書館　伊藤和代

一関市立大東図書館で1年間、一関市立一関図書館では新館開館1年前から6年間、一緒に勤務させていただきました。

以前、さわや書店を訪れた時、平積みの他に、異なるテーマで数か所に展示された本を見たことがあります。冊数や展示の数でその本に対する書店員の思いが伝わり、思わず手に取りたくなる本が何冊もありました。

図書館では、貸出用と保存用が必要な郷土資料や絵本などを除き、大抵の本は1冊ずつ所蔵します。また、本の内容を数字に置き換えて分類し、基本的に分類順に書架に並べます。どんなにおすすめの本でも貸出されると数週間は館内に本がない状態になります。

伊藤さんは書店と図書館に勤務され、両者の違いにやりにくさを感じられたこともあるのではないかと思います。

しかし、図書館で購入する本を選定して蔵書を充実させ、書架の様々な場所で展示コーナーを作り、書架に並んだだけでは埋もれてしまいそうな本にも読者と出会う機会を作っていました。特に地元の作家や出版社を応援したいという気持ちをお持ちのようでした。東北が舞台になった小説、岩手県出身の翻訳者が訳した本など地域に関係する展示コーナーもありました。

また、何かおもしろい本が読みたいという利用者の要望に応えて本を紹介し、図書館のリピーターを増やしていました。

図書館では本の展示や紹介は日常的に行う業務です。伊藤さんが他の職員と違うことは、何かのツールで調べた本ではなく、ご自身が以前読んだ本の中から選んでいることです。さわや書店に勤めていた頃は通勤時の新幹線の中で、図書館に勤務している頃は毎朝早朝に本を読んでいたと伺った記憶があります。それらの本の中から「この作者のおすすめ本」「このテーマのおすすめ本」「この本を読んでおもしろいと思ったら、次に紹介する本」「今年出版された中で一番のおすすめ本」などを選んでいました。

特に移動図書館では、後述する「キヨベス福袋」展をアレンジし、利用者の好みのジャンル、以前読んで感動した本、好きな作家などを「福袋リクエストカード」に記入してもらい、伊藤さんが利用者毎に選定した2冊のおすすめ本を貸出するなど、担当職員のアイディアと伊藤さんの協力により、年々減っていた移動図書館の利用者を増やしていました。

伊藤さんは、作者や出版社の他に、編集、校閲、装幀など、本に関わる様々な人のことを知っていました。「この本は誰が編集し、その編集者は以前この出版社に勤務し……」と教わり、実際に本を見ても編集者の名前は書いてありません。どうすれば詳しく知ることができるのか、これが図書館職員と書店員の違いなのかなと感じました。本に関わる人達の思いや苦労を知っているためか、紙やすりで本の小口についた汚れを落としたり、書架に戻す時など、本の扱いがとても丁寧でした。

昨年度、私は市内の他館へ異動しました。一関図書館から市内で最も離れた場所にあり、車で移動すると1時間程度かかります。開架約３００㎡、蔵書約４万３千冊の小さな図書館です。仕事でお会いする機会は減りましたが、異動後もお世話になったことが二つあります。

当館主催の〝おすすめ本ＰＯＰコンテスト〟の審査員長として作品を審査していただいたこと、そして伊藤さんが担当した企画展です。昨年度、一関図書館開館5周年を記念し、テーマ毎に選書したおすすめ本を2冊袋に入れて貸出する「キヨベス福袋」展が開催されました。新聞記事を見た利用者の「一関図書館へ行かないと借りることができない」という声をきっかけに当館でも開催し、とても好評でした。伊藤さんの訃報を知った後、利用者から「企画展で借りた本を読んでいる。読み終わったら一関図書館へ行って伊藤さんにお礼を言おうと思っていたのでとても残念だ」と言われました。また、「もう一度企画展を開催してほしい」という要望もあり、追悼の意味も込めて再度企画展を開催しました。企画展で展示した本がいつでも読めるように、展示リストは今も館内に置いています。

図書館で勤務された8年間、利用者や職員の様々な要望に応えていただきました。とてもありがたく、またこれからも勤務していただけると思っていました。ご自身はやりたいことを実践できたのか、図書館の仕事をどう思っていたか、聞く機会もありませんでした。図書館の仕事も悪くないと感じていただけたとしたらうれしいです。

あとがき

「思う念力、岩をも通す」――この本が生まれたのは、まさに内野安彦さんが長い間、伊藤清彦さんをリスペクトし続け、ふたりで本の話や出版の話をしてみたいと願い続けた結果だと思っています。対談の2日間は、おふたりの傍で刺身のつまほどの役目も果たせていなかった私ですが、何度思い返してみても、ただただ幸せな時間でした。

内野さんから伊藤清彦さんをご存じか？と問われたことは幾度かあったと記憶しており、その都度、私は直接存じ上げないが、知人はいるので聞いてみますかと答えていたと思います。それまでの、では結構です、という返事ではなく、それでは2019年7月11日に岩手県立図書館主催の研修会で講師を依頼されているので、その機会に会うことはできるものだろうかということで、私の奔走は始まりました。

その時に伊藤さんの紹介をお願いしたのは、紫波町図書館の司書、手塚美希さん。ふたつ返事で引き受けていただき、あっという間に7月10日、一関市立一関図書館への訪問が決まりました。当日は、大崎市図書館の司書、村上さつきさんも一緒に、3人で伊藤さんに初対面。エプロンを着けカウンターに出られていた伊藤さんは、私たちを見ると笑顔で事務室へと案内してくださり、2時間ほど過ごしたでしょうか。対談の依頼をする内野さんに、僕でいいのですかという伊藤さんと、これまでどんなふうに戦略を立て本を売ってきたのかを語る伊藤さんは、明らかに声のトーンが違うのです。「一冊の本の存在はその本単体ではなく、その一冊をとりまく膨大な本があるのだよ。図書館はアーカイブがある。それを市民に見せる、伝えていく役目があるでしょう」と、凄まじい読書量と経験に裏付けされた伊藤さんのお話に圧倒されました。

10月22日、今度は手塚さんを誘い、一関市立一関図書館に伊藤さんを訪ねました。お引き受けいただいた対談の日程を確認しつつ、尊敬する司書の手塚さんと伊藤さんがどんなお話をするのだろうと、わくわくしながら3か月前にも座ったソファに腰掛けたのでした。

対談の12月9日、10日のことは、本編にもれなく書かれています。冒頭で書いたように、本当に幸せな時間であったことは、後日拝見した、対談風景を収めた写真からも伝わってきました。私だけでなく、内野さん、伊藤さんの構えていない自然な笑顔は、互いに情熱を注ぎ携わっているものを語り合う時に見せた表情だったのだと思います。

翌週12月16日は紫波町図書館を会場に、伊藤さんを講師に招き選書についての勉強会が行われ、私は主催者である「みちのく司書部」の一人として参加しました。

初めてお話してから半年の間で4回、これが私が伊藤さんにお会いしたすべてです。もっとたくさんお話をお聞きしたかった……本当に言葉にできません。

今回まとめられたこの対談集には、伊藤清彦さんとのご縁があった二人の方に寄稿をお願いしました。一関市立室根図書館の伊藤和代さんは、伊藤清彦さんが一関市立図書館に勤務された最初の年に一関市立大東図書館で一緒に働かれた司書です。書店員だった伊藤さんが、初めて担う図書館の仕事を最初に教わった人かもしれません。もう一人は元紫波町図書館館長の工藤巧さんです。紫波町図書館では、開館当初に伊藤さんを講師に招いて研修会を行ったり、図書館で開催したトークイベントのゲストとして招いたりしています。

伊藤さんがカリスマ書店員と言われ、活躍された盛岡を県都にもつ岩手県。県内で伊藤さんを慕い、かかわりの深い方は数多くいらっしゃるとは思いますが、図書館界の中でつながりのあった方にとお願いし、快くお引き受けいただきました。お二人には伊藤さんへの熱い思いのこもった素晴らしい文章をお寄せいただき、衷心よりお礼申し上げます。

最後までお読みいただきありがとうございました。この本の中で語られた伊藤清彦さんの想い、内野安彦さんの想いが、本にかかわる多くの人に届きますように。

こんなに素敵な企画にお声がけくださった内野安彦さんに心から感謝申し上げます。

石川靖子

▽「いわての風」本文中で紹介された書籍一覧

2011/06/05
『までいの力』「までい」特別編成チーム企画編集

2012/02/05
『限界集落株式会社』黒野伸一著
『奇跡のむらの物語　1000人の子どもが限界集落を救う！』
辻英之編

2012/06/03
『永遠の0』百田尚樹著

2012/09/30
『天国の本屋』松久淳著・田中渉著
『花もて語れ　全13巻』片山ユキヲ著

2013/01/27
『大いなる助走』筒井康隆著
『火山のふもとで』松家仁之著
『十六夜荘ノート』古内一絵著

2013/05/12
『永遠の0』百田尚樹著
『ヒューマニズム』谷川徹三著
『戦没農民兵士の手紙』岩手県農村文化懇談会編
『千三忌』簾内敬司著
『ものいわぬ農民』大牟羅良著
『山峡絶唱　小説・西塔幸子』長尾宇迦著
『童眼（まなぐ）』三上信夫編

2013/09/01
『だから、あなたも生きぬいて』大平光代著

2013/12/29
『写真ものがたり昭和の暮らし　全10巻』須藤功著
『このミステリーがすごい！』『このミステリーがすごい！』編集部編
『大事なことほど小声でささやく』森沢明夫著
『ミーコの宝箱』森沢明夫著
『ヒカルの卵』森沢明夫著
『沈黙のエール』横関大著
『水を出る（軍鶏侍シリーズ4）』野口卓著
『ふるさと銀河線　軌道春秋』高田郁著
『風の向こうへ駆け抜けろ』古内一絵著

2014/08/31
『紙つなげ！彼らが本の紙を造っている　再生・日本製紙石巻工場』
佐々涼子著
『天の梯（そらかけはし）（みをつくし料理帖シリーズ10）』高田郁著

2014/12/28
『カラマーゾフの兄弟』ドストエフスキー著
『次の本へ』苦楽堂編

2015/08/09
『餓死（うえじに）した英霊たち』藤原彰著

2015/11/29
『動物哀歌　村上昭夫詩集』村上昭夫著
『ルポ貧困大国アメリカ』堤未果著

2016/03/27
『村長ありき　沢内村 深沢晟雄の生涯』及川和男著
『甲子園への遠い道』及川和男著
『佐藤輔子　藤村永遠の恋人』及川和男著
『米に生きた男　日中友好水稲王・藤原長作』及川和男著
『鐘を鳴らして旅立て　みどり学園療育記』及川和男著

2016/07/10
『北リアス線の天使』西村京太郎著
『天城峠殺人事件』内田康夫著
『東北のアルバム　ふるさとの記憶』小野幹写真
『遥かなる詩　大竹省二写真集』大竹省二著
『写真集　親から子に伝えたい昭和の子どもたち』
『写真で綴る昭和30年代農山村の暮らし』
武藤盈写真・須藤功聞き書き
『老農　北上高地の生40年の記録　写真集』堀忠三写真
『写真集 まなぐManagu』三上信夫写真
『猫つぐらの作り方』誠文堂新光社編

2017/02/19
『村長ありき　沢内村 深沢晟雄の生涯』及川和男著
『遭難渓流』太田蘭三著
『デッドライン』建倉圭介著
『願いながら、祈りながら』乾ルカ著
『感傷コンパス』多島斗志之著
『廃校先生』浜口倫太郎著

2017/06/11
『ごめんなさい、もしあなたがちょっとでも行き詰まりを感じているなら、不便をとり入れてみてはどうですか？ 不便益という発想』
川上浩司著
『ふじようちえんのひみつ　世界が注目する幼稚園の園長先生がしていること』加藤積一著
『「便利」は人を不幸にする』佐倉統著
『何もなくて豊かな島　南海の小島カオハガンに暮らす』崎山克彦著
『世界でいちばん貧しい大統領のスピーチ』
ムヒカ述・くさばよしみ編・中川学絵

2017/10/01
『蟬しぐれ』藤沢周平著
『八木重吉詩集』八木重吉著
『立原道造詩集』立原道造著
『冬の旅』立原正秋著
『その年の冬』立原正秋著
『春の道標』黒井千次著
『「男はつらいよ」を旅する』川本三郎著
『大遺言　祖父・永六輔の今を生きる36の言葉』永拓実著

2018/01/28
『「本を売る」という仕事　書店を歩く』長岡義幸著

2018/05/20
『トロッコ』芥川龍之介著
『カラマーゾフの兄弟』ドストエフスキー著
『チボー家の人々』ロジェ・マルタン・デュ・ガール著
『ジャン・クリストフ』ロマン・ロラン著
『アルプ』串田孫一編

2018/09/09
『体力の正体は筋肉』樋口満著

2019/01/13
『対象喪失　悲しむということ』小此木啓吾著
『遙かなる詩　大竹省二初期写真集』大竹省二著

2019/04/21
『村長ありき　沢内村 深沢晟雄の生涯』及川和男著
『卒業』重松清著
『桜の下で待っている』彩瀬まる著
『抱き桜』山本音也著
『紀ノ川』有吉佐和子著

2019/07/28
『蟬しぐれ』藤沢周平著
『川の名前』川端裕人著
『おらが村』矢口高雄著

2019/11/17
『柿の木のある家』壺井栄著
『小さな雪の町の物語』杉みき子文・佐藤忠良画
『叙景　吉野弘詩集』吉野弘著

＊この一覧は、「いわての風」で伊藤清彦氏が紹介した書籍をまとめたものです。出版社につきましては除かせていただきました。

〈プロフィール〉

伊藤清彦（いとう　きよひこ）

1954年岩手県一関市生まれ。1982年山下書店本店にパートで入社。1987年本店副店長（社員）。1989年町田店店長、1991年3月山下書店退職。1991年7月さわや書店入社。1992年1月さわや書店本店店長。2008年10月さわや書店退職。2012年4月一関市立大東図書館館長。2013年4月から一関市立一関図書館副館長。著書に『盛岡さわや書店奮戦記』がある。2020年2月17日逝去。

内野安彦（うちの　やすひこ）

1956年茨城県鹿島町生まれ。1979年鹿島町役場（現鹿嶋市役所）入所。2007年4月塩尻市役所入所。図書館長として新館開館準備を指揮。2010年7月に新館開館。2012年3月退職。現在､同志社大学大学院嘱託講師。筑波大学大学院図書館情報メディア研究科博士後期課程中退。著書に『だから図書館めぐりはやめられない』『図書館はラビリンス』『図書館長論の試み』『図書館はまちのたからもの』『クルマの図書館コレクション』『スローライフの停留所』『クルマの本箱』等多数。

進行　石川靖子（いしかわ　やすこ）

ローカルな司書。子どもたちにとっては読み聞かせのいしかわさん。
秋田県横手市生まれ。高校卒業後、進学のため上京し就職。図書館とは無縁の生活を楽しむ。10年間の会社員生活に別れを告げ、帰郷するやいなや図書館の沼にハマる。縁あって図書館員となり、現在は横手市立平鹿図書館で働く。
日本図書館協会会員・図書館問題研究会会員・Library of the Yearの選考委員も少々。

カバーデザイン　マユタケヤスコ

本屋と図書館の間にあるもの

2021年2月17日　初　版　発行

著　者　伊藤　清彦 ⓒ ITOU Kiyohiko
　　　　内野　安彦 ⓒ UCHINO Yasuhiko
発行者　登坂　和雄
発行所　株式会社　郵研社
〒106-0041　東京都港区麻布台3-4-11
電話（03）3584-0878　FAX（03）3584-0797
http://www.yukensha.co.jp
印　刷　モリモト印刷株式会社
ISBN978-4-907126-41-4　C0034
2021 Printed in Japan